From 18

18歳から はじめる 知的財産法

大石 玄・佐藤 豊 編
Oishi Gen & Sato Yutaka

法律文化社

はしがき

本書は、法律学を専門に学んだことのない学生の皆さんでも知的財産法の概略をつかんでもらえるようになることを願って編んだものです。

技術者（エンジニア）として働こうとする人たちにとって、知的財産法に関する知識は必要不可欠なものでしょう。ところが理工系の単科大学では、そもそも法学の講義が設けられていないか、あったとしても１コマか２コマがせいぜいです。これが法学を専門とする分野の学生を相手とする講義なら、知財法は応用科目として高学年に配置されているはずなので、受講生には基礎知識が備わっているという前提で「無体財産権を扱う特許法は、民法の特別法に位置づけられるものです」と唱えても通じるでしょう。それが、初学者は「特別法」とかいわれてもサッパリなので、いきなり最初でつまずいてしまいます。

法律学に関する基礎知識を有しているのかどうかによって、知財の学習方法は変わってくるものと思います。そこで本書は、「法律学の勉強をするのはこれが最初」かつ「この学校で法律の勉強ができるのは唯一この科目だけ」というカリキュラムの中でも、この教科書を使って学べば知的財産法の全体像を理解できるようになることを目指しました。

そのため本書はかなり欲張りなことをしています。特許法や著作権法はもちろん、意匠法も商標法も不正競争防止法も、さらには専門分野に特化した話題までも貪欲に取り込んで一冊に詰め合わせました。

それでいながら、踏み込みすぎて難解になってしまわないように気をつけてもいます。ビデオゲームやVRの開発にかかわったことがある方なら、映像を滑らかに動かすのに微分積分や線形代数の知識が役立つことはおわかりでしょう。だからといって、プログラマーを夢見る小中学生にも微積の教育を——というのは無茶です。本書は、知財の小学校となることを目指しました。実務でぶつかる難易度の高い論点については専門書を読んでもらうことにして、本書では法律的な考え方の基礎を身につけてもらうことに注力しました。

知財の入門書には「特許の取り方」を手続に至るまで詳しく手ほどきするものがありますし、著作権については新書という形で優れた読み物が多数あります。個別のテーマを掘り下げて学びたいという方のご要望は、そういった書籍にお任せしようと割り切りました。本書は、初学者向けの教科書であることに徹し、知財に関する法律を幅広く網羅することに努めています。

本書の執筆に際しては、大学のみならず高専や専門学校での知財教育、あるいは技術経営（Management of Technology（MOT））を専攻する大学院での知財教育や大学自体の知財戦略にかかわってきた編者らの経験をふんだんに盛り込みました。本書は、⓯までが基礎編、⓰から先は応用編と位置づけています。指向性のあるテーマを応用編に収載することで、建築、デザイン、ソフトウェア、バイオなど様々な領域で学ぶ皆さんにも楽しんでもらえるよう工夫しました。

本書を世に送り出すにあたり、法律文化社編集部の小西英央さんには大変お世話になりました。ここに心からの感謝を申し上げます。

編者　大石　玄／佐藤　豊

目 次

第Ⅱ部　応 用 編

第 I 部

基礎編

18歳からはじめる知的財産法

1 知的財産法って何？

設例 いつも便利に使っているスマートフォン。携帯電話の電波が届くところや無線LANがあるところであれば、いつでもSNSやメッセージアプリを使ってやり取りをしたり、動画をみたり、写真や動画を撮ったり、ゲームをしたりと、いろいろなことができます。こんなにたくさんの機能があるスマートフォンには、どんな人間の知恵が詰まっているのでしょうか？

1 知的財産法とは

いまや、誰もが「知的財産法」という言葉を一度は聞いたことがあるのではないでしょうか。略して「知財」(チザイ) と呼ばれることもあるのですが、はたしてこれは一体なんなのでしょうか？

知的財産法とは、あるアイデアを自分の個性を反映させて表現したもの (たとえば、アンパンに魂が宿ったヒーローの絵) や、新たに考え出された技術的な工夫 (たとえば、電気エネルギーを光エネルギーに変える器具である電球)、試行錯誤の末に得られた情報で秘密にされているもの (たとえば、ラーメン店の秘伝のスープのレシピ)、他の同じ種類の物にはないデザイン (たとえば、新しく発表される自動車のデザイン)、営業活動の評判が付いたもの (たとえば、街で評判のクレープ屋の名前) といった形のないもの (無体物) について、無断で他人に使わせない権利や、他人が使うことに対する規制を定めた法の総称です。

日本には、「知的財産法」という名前の法律があるわけではなく、それぞれの保護の対象ごとに法律があります。

図❶-1のうち、ゴシック体のものは法のグループに付けられた名前です。**創作法**は、知的財産法のうち、何かしら創作された知的創作物の保護を定めた法のグループです。**標識法**は、営業上の信用の保護を定めた法のグループです。また、**知的財産権法**は、「〜権」を新たに設定するタイプの法のグループであり、そのうち、権利発生のためには何かしらの手続が要求されるものを**産業財産権法**[1]といいます。なお、不正競争防止法は、標識法に入っていますが、同時に創作法と標識法のどちらでもないところにも入っています。これは図の間違いではなく、不正競争防止法は、様々な知的財産法を補完する側面があることを示しています。詳しくは、**コラム❶-3**で説明しています。

これらの知的財産法のうち、本書で取り上げる主なものをそれぞれ簡単に説明しておきましょう。**図❶-2**をみてください。

まず、**著作権法**は、人間の個性があらわれた表現を法的に保護する役割を担います。著作権法では、「思想又は感情の創作的表現であって、文芸、学

⊸1 **産業財産権法**
かつては〈工業所有権法〉と呼ばれていました。

術、美術又は音楽の範囲に属するもの」を「著作物」として、その利用行為に対する権利を設定しています[2]。著作権法における権利の発生には登録などの手続は必要ありません。

また、**特許法**と**実用新案法**は、いずれも技術的なアイデアを法的に保護する役割を担っています。特許法は、「自然法則を利用した技術的創作のうち高度なもの」を「発明」、実用新案法は「自然法則を利用した技術的思想の創作」を「考案」として、これらの利用行為に対する権利を設定しています[3]。特許法と実用新案法における権利の発生には、登録が必要です。

意匠法は、産業上使われるデザイン（いわゆる工業デザイン）の法的な保護をねらうものであり、「物品の形状…（等）又は画像…であって、視覚を通じて美観を起こさせるもの」を「意匠」として、この利用行為に対する権利を設定しています[4]。意匠法における権利の発生には登録が必要となります。

商標法は、ビジネスに使う表示について、自分以外のそのビジネスをする者に無断で使用されない権利を設定することで、安心してその表示に営業上の信用を蓄積できるようにする役割を担っています[5]。

不正競争防止法は複数の役割を担っています。主な役割としては、営業上の信用が付着した他人の商品等表示の使用を規制することで、既に世の中にある営業上の信用を保護すること、商品形態の模倣を規制することで、市場先行の利益を保護すること、営業秘密の不正利用行為を規制することで、ある情報を秘密として管理する体制を保護する、といったものがあります。不正競争防止法は、これらのほかにも様々な役割を果たすため、特定の行為を規制の対象としています[6]。産業財産権法とは異なり、不正競争防止法による規制の対象とされるために事前の手続の有無が問題とされることはありません。

➾2　本書❷参照。

➾3　本書❼参照。

➾4　本書⓫、⓬、⓭を参照。

➾5　本書⓮と⓯を参照。

➾6　コラム❶-3参照。

2　日常にあふれる知的財産

私たちの日常生活には、知的財産法の保護の対象となる「知的財産」が溢

図❶-1　知的財産法の全体構造

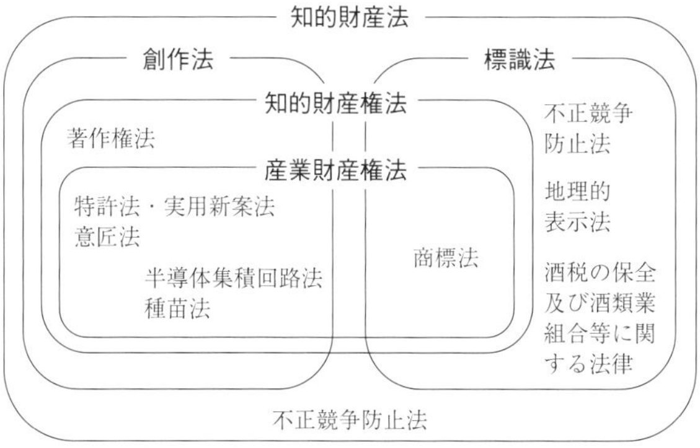

図❶-2　知的財産法の体系

知的財産法	著作権法	著作物の利用行為に対する権利（権利発生には<u>登録は不要</u>）
	特許法・実用新案法	発明、あるいは考案の利用行為に対する権利（特許権・実用新案権の発生は<u>登録が要件</u>）
	意匠法	デザインの利用行為に対する権利（意匠権の発生は<u>登録が要件</u>）
	商標法	商標の利用行為に対する権利（商標権の発生は<u>登録が要件</u>）
	不正競争防止法	営業上の信用が付着した他人の商品等表示の使用規制、商品形態の模倣の規制、営業秘密の不正利用行為に対する規制（行為規制のため<u>登録不要</u>）

れています。文字だけで説明してもなかなか理解が難しいところですので、スマートフォンを例に説明してみましょう。

高速で移動する車両の中でも、スマートフォンを使ってSNSに投稿したり、動画投稿サイトをみたりすることができます。スマートフォンを使ってこれらのことをするには、端末が高速で移動していてもインターネット接続が途切れないようにしなければなりません。スマートフォンが携帯電話の回線を使ってインターネットに接続できるのは、その場所で一番電波の強い基地局と端末が接続して、データのやり取りをしているからです。端末が移動して接続していた基地局との通信が途絶えそうになったときでも、別の電波の強い基地局と通信を続けることができれば、端末が移動しながらでも通信ができます。このとき、基地局を切り替えるタイミングでインターネット接続が途切れ、ダウンロード途中のファイルをまた最初からダウンロードし直さなければならないようでは、動画をスムーズに視聴することなどできなくなってしまい不便です。そこで、基地局を切り替えたとしても、切り替えの前後で継続的に安定してデータ通信ができるようにする技術が必要となります。この技術は特許法の保護対象であり、NTTドコモによって1995年に特許出願がされ、2015年に**特許権**[7]が満了しています（特許3438896号[8]）。現在でも、世界中の携帯電話サービスでこの技術が利用されています。

また、スマートフォンの筐体のデザインは意匠法や不正競争防止法という法律の保護対象であり、**意匠権**[9]が設定されているものがあります（たとえばアップル社のiPhone：意匠登録1530437号[10]）。また、スマートフォンのデザインは筐体の物理的な形状だけでなく、スマートフォンの画面デザインも意匠法の保護対象とされています（iOS上のウェブブラウザアプリSafariの例：意匠登録1506297号[11]）。

さらに、スマートフォンの名前やスマートフォンに付けられているマークは商標法や不正競争防止法という法律の保護対象であり、**商標権**[12]が設定されているものがあります（アップル社のiPhoneの例：商標登録4696655号[13]、5147866号[14]）。

加えて、スマートフォンで使われているソフトウェアのプログラム（例：オペレーティングシステムであるiOSやAndroid、それらの上で動作するアプリのプログラム）は**著作権法**の保護対象（**著作物**）です。また、それぞれのアイコンのデザインも、著作権法や商標法、不正競争防止法の保護対象です。

このように、スマートフォンという製品１つをとっても、多様な知的財産で構成されているのです。

3　知的財産権の特徴

知的財産権には多様な種類があることは既に説明したとおりです。これらの知的財産権には、共通する特徴があります。

(1)　**有体物の所有権とは無関係**　　１つ目の特徴は、「有体物の所有権」と知的財産権とは無関係である、ということです。少々わかりにくい表現ですが、まず**有体物**とは手でもったり触ったりすることができ、空間を占めている物のことを指します。あなたが今、この本をもっているとすれば、手にしているその本が有体物です。この有体物の持ち主が誰であるかということと、知的財産権の権利者が誰であるかはまったく別な話、ということです。

➡7　特許権を得るためには、特許出願という手続をして、特許権として認められるための条件を満たすかどうかの審査を経なければなりません。特許権は、原則として、特許出願から最長20年間存続させることができます。詳しくは、本書❼、❽、❾を参照。

➡8　特許3438896号
（QRコードでアクセスし、「登録番号」のリンク先（スマートフォンでは表を右スクロールした後で表示される場合があります）を参照してください。以下同じです。）

➡9　意匠権を得るためには、意匠登録出願という手続をして、意匠権として認められるための条件を満たすかどうかの審査を経なければなりません。詳しくは、本書⓫、⓬、⓭を参照。

➡10　意匠登録1530437号

➡11　意匠登録1506297号

➡12　商標権を得るためには、商標登録出願という手続をして、商標権として認められるための条件を満たすかどうかの審査を経なければなりません。詳しくは、本書⓯を参照。

➡13　商標登録4696655号

➡14　商標登録5147866号

紙の手紙をＡさんがＢさんに送る場面を想像してみてください。手紙を出すためには、手紙を書くための「便せん」や送るための「封筒」が必要です。通常は便せんや封筒を買うなどして、便せんや封筒の所有権をＡさんのものにします。その上で、便せんに文字などを書いて手紙を仕上げ、完成した手紙を封筒に入れて、発送すればＡさんの作業は完了です。

一方、手紙を受け取ったＢさんは、当然ですが封筒を開封しなければ中の手紙を読めません。封筒を開封するには、封筒を切るか破るかしなければなりません。ＡさんがＢさんに手紙を出すという行為は、Ｂさんがその封書を開封して中身を読むことが前提ですから、通常は、Ａさんから手紙を受け取ったＢさんへと便せんや封筒の**所有権**を移すつもりで手紙を出している、と理解されます。

ところが、有体物の所有権はＡさんからＢさんに移ったとしても、手紙に書かれた内容の**著作権**[15]はＡさんに残ったまま、ということが生じるのです。著作権は、その手紙の内容（表現）を複製することなどを禁止する権利です。著作権法で禁じられているのは表現を複製するなどの行為だけで、受取人が手紙に書かれた内容を読むことは権利の侵害とはなりません。しかし、ＡさんがＢさんに手紙を出すとき、Ａさんは、Ｂさん自身が手紙を読むのはもちろん構わないが、自分に無断で手紙がSNSに貼られても良いとは考えないでしょう。いったん手紙を差し出したからといって著作権が受け取った人に移転すると理解してしまうと、その手紙が差出人に無断で公表されるのを止める手立てがなくなってしまいます。

実際に手紙の著作権の侵害が問題となった事件があります。この事件で問題となったのは、作家・三島由紀夫が小説家Ｆ宛てに出した手紙の内容を、三島の死後にＦが無断で小説にして出版してもよいのか、ということです。三島の遺族は、Ｆと出版社（文藝春秋社）の行為は、三島が生前Ｆに宛てた手紙の著作権の侵害であるとして、損害賠償や出版の差止め、名誉回復措置として謝罪広告の掲載を求めて訴訟を提起しました[16]。この事件の判決は、手

⇒15　著作権は、権利を得るために手続は必要なく、著作物が創作された時点で著作者に対して発生します。詳しくは、本書❹を参照。

⇒16　著作権は複数の権利で構成され、財産的な権利（著作財産権）と人格的な権利（著作者人格権）に分類されます。相続の対象になるのは著作財産権のみで、著作者人格権は著作者の死亡と同時に消滅します。ただし、生前であれば著作者人格権侵害となる行為が死後に行われた場合、遺族が差止めなどを請求できることになっています。詳しくは、本書❹を参照。

コラム❶-1　顔真卿自書建中告身帖（がんしんけいじしょけんちゅうこくしんちょう）事件

唐の時代の書家である顔真卿（709～785年）の「書」の現物を所蔵する博物館Ｘが、その書の前の持ち主Ｚの許しを得て撮影された写真乾板を使って写真集を出した出版社Ｙに対して、Ｙによる写真集の出版をやめさせようとしたことがありました。

「書」は著作権法の保護の対象である「著作物」に該当しえます（本書❷を参照）。しかし、著作権の保護期間は、著作者（この場合は顔真卿）が亡くなった翌年の元日から70年が経過する日で終了するのが原則とされています（本書❹を参照）。

顔真卿は唐の時代の書家ですから、当然その「書」についての著作権の保護はありません。そこで、Ｘは、書の現物の所有権を根拠に、Ｙによる写真集の出版をやめさせようとしました。

しかし裁判所は、「書」の所有権は、あくまでその書の有体物に対して及ぶだけであって、その書を撮影した写真をコピーする（出版する）行為にまでは及ばないとして、写真集の出版の差止めを認めませんでした（最判昭58年1月20日）。

▼問題となった顔真卿自書建中告身帖

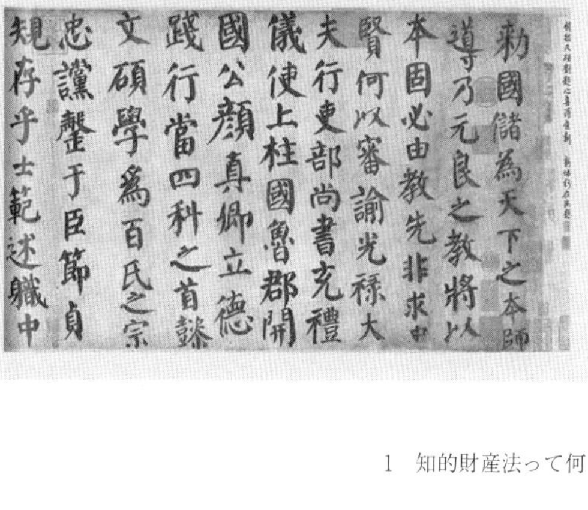

➡17　具体的には、著作財産権である複製権（著作権法21条）の侵害と、生前であれば著作者人格権の１つである公表権（著作権法18条）の侵害となる行為（著作権法60条）の両方に当たると結論づけました。これらについては、本書❹を参照。

➡18　**アーク灯**
アーク灯は、２つの電極の間に生じる放電による光を照明として利用する器具であり、白熱電球よりも先に発明されました。アーク灯には、寿命が短く、光に紫外線を多く含むという欠点があり、屋内の照明には向かないものでした。その後、より高寿命で紫外線の少ない光を出す白熱電球が発明され、長い間、照明器具の主役となりました。

紙は著作権法の保護対象である著作物であり、Ｆらの行為は著作権の侵害[17]に当たるとして、Ｆらに対して、三島の遺族への損害賠償の支払いと出版の差止め、三島の遺族が求める謝罪広告の一部についての新聞掲載を命じました（三島由紀夫手紙事件：東京高判平12年５月23日）。

また、有体物の持ち主である（＝民法上の所有権を有している）からといって、その物を写した写真の利用を支配できる権利まで手に入れられるということにはなりません。このことは、裁判例で明確にされています（詳しくは、**コラム❶-1**を参照）。

⑵　**知的財産は、排他的な権利がなくても無意味にならない**　形をもたない知的財産についての権利である知的財産権と、有体物の所有権とでは他にも違いがあります。たとえば、ある土地を購入して持ち主になったとしても、その土地に他人が勝手に畑にしたり家を建てられたりしていると、自分は持ち主なのに自分の土地を物理的に利用できなくなります。これでは「土地の持ち主である」ということに意味がなくなってしまいます。そこで、土地の正当な持ち主には、他人が自分に無断で立ち入ったり使ったりすることをやめさせるため、他人を排除できる法的な権利が与えられています。

これは民法で**物権**と呼ばれる権利で、土地のような不動産に限らず、自転車のような動産でも発生します。すなわち、自転車の持ち主（所有権者）であれば、その自転車に他人が勝手に乗っていってしまうことをやめさせられますし、もし持ち去られたりした場合にもその自転車を取り戻せます。このように、有体物については、他人の利用をやめさせられるよう、物の利用方法を決められるのは所有権者だけ、というルールが設けられています（一物一権主義）。

これに対し、発明やデザイン、音楽などの知的財産権の対象となるものの場合は話が変わってきます。たとえば、自分の技術的なアイデアである発明を他人が勝手に使って物を製造したとしても、自分自身がその発明を使って物を製造できなくなるわけではありません。また、自分が作曲した音楽を他人が演奏したりしても、自分がその音楽を演奏したりすることが物理的にできなくなるわけではありません。知的財産権の対象となるものは使ったりコピーしたりしても無くなるわけではなく、同時に多数の人が利用することができます。たとえて言うなら、山形にある１台の自転車が同時に東京にも存在することはありえませんが、同じ薬を富山と大阪で同時に製造することはできますし、同じ曲を札幌と京都で同時に歌うこともできる、ということです。このように、同時に多数の人ができる行為を規制しようとする知的財産権は、排他的な権利がなければ、即、無意味になるわけではありません。

発明やデザイン、音楽などは、それを生み出すまでに多くの労力がかかっているのだから、それにフリーライド（ただ乗り）することは許されない、という考え方もあります。しかし、既に存在する発明やデザイン、音楽などとまったく無関係に、新たな発明やデザイン、音楽などを作れるでしょうか？

たとえば、暗いところでもスマートフォンを使うことができるのは、液晶パネルにLEDのバックライトがついていたり、有機ELのパネルが自ら光ったりするからです。LEDや有機ELは、どちらも電気エネルギーを光エネルギーに変えて光を得ています。電気を光に変えるという技術的なアイデアは、既に、**アーク灯**[18]が発明された時点で世に示されています。LEDや有機

ELは、電気エネルギーを光エネルギーに変換する優れた仕組みですが、アーク灯の発明者の技術的なアイデアに「ただ乗り」していることに変わりはありません。また、ミュージカル『ウエスト・サイド・ストーリー』が、戯曲『ロミオとジュリエット』に着想を得て作り出されたものであることは、よく知られています。このケースは、いわば「ただ乗り」のおかげで、世の中にもう１つ素晴らしい作品が送り出された例といえるでしょう。

このように、世の中は「ただ乗り」で発展し、豊かになっています。したがって、「ただ乗り」は原則自由である、と考えるべきです。

ただし、「ただ乗り」をすべて放置して良いか、といわれると、そういうわけにはいきません。すなわち、「ただ乗り」があることで成果を開発する者の意欲が失われてしまい、「ただ乗り」を禁止してまで成果を開発する者の意欲を確保する必要がある、という場合には、「ただ乗り」を法的に禁止しなければなりません。

知的財産法は、世の中に無数に存在する行為の中から、このような「ただ乗り」を法的に禁止しなければならない場合に限り、その目的や性質に応じて一定の行為を法的に禁止しているのです。

コラム❶-2　知的財産法の国際的側面

知的財産法による保護は、国ごとにされることになっています。しかし、知的財産の法的保護の最低水準については、世界の多数の国が参加する国際条約（多国間条約）で調和が図られています。

1883年に「工業所有権の保護に関するパリ条約」（パリ条約）が、1886年に「文学的及び美術的著作物の保護に関するベルヌ条約」（ベルヌ条約）が成立し、日本は1899年にこれらの条約へ加入しました。これらの条約は、技術の進歩などに合わせ、数回改正されました。しかし、次第に改正が困難になりました。加盟国のうち、保護の強化を主張する先進工業国と、保護の強化に否定的な開発途上国との間の対立が激しくなったからです。

その後、知的財産の保護に関する条約の交渉は、自由貿易に関する条約の交渉と抱き合わせて行われるようになりました。先進工業国は、交渉の過程で、開発途上国からの輸入品に対する関税の撤廃という「アメ」と引き換えに、開発途上国でも先進工業国並みの高い知的財産の保護水準を要求するという「ムチ」を振るったのです。

そのあらわれが、1994年の「知的所有権の貿易関連の側面に関する協定」（TRIPS協定）です。TRIPS協定は、国際貿易の自由化を目指す多国間条約である、「世界貿易機関を設立するマラケシュ協定」（WTO協定）の附属議定書であり、WTO協定の加盟国はパリ条約とベルヌ条約に従うことに加え、新たな知的財産の保護をも定めています。これにより、WTO協定の加盟国である開発途上国にも、先進工業国並みの知的財産の保護が義務づけられています。

コラム❶-3　不正競争防止法の役割

著作権法や特許法といった他の知的財産法ならば、中身は知らなくとも、そういう法律があることは知っている方も多いでしょう。それに対し不正競争防止法は、この本で「はじめまして！」という方もいらっしゃるかもしれません。しかし、不正競争防止法はマイナーではあるものの、様々な場面で登場します。不正競争防止法は、かなり特徴的な条文の構造をしています。そこで、急がば回れ、ということで、不正競争防止法の構造をみてみましょう。

不正競争防止法１条はこの法律の目的について、「事業者間の公正な競争及びこれに関する国際約束の的確な実施を確保するため、不正競争の防止及び不正競争に係る損害賠償に関する措置等を講じ、もって国民経済の健全な発展に寄与すること」としています。長々と難しい言葉で書かれていて、よくわからないかもしれません。不正競争防止法の役割を知るためのわかりやすいヒントは、２条にあります。

不正競争防止法２条１項は、この法律で「不正競争」として取り扱われる行為を事細かに並べています。不正競争防止法は、不正競争によって営業上の損害を受けるおそれのある人がそれをやめさせる権利（３条）と、不正競争によって損害を受けた人がその賠償を求める権利（４条）を設定しています。ですから、２条１項で何が「不正競争」として取り扱われているのかを参照すれば、不正競争防止法が何を決めているのかがわかる、ということになります。文章だけで説明するとわかりにくいので、右の表にまとめてみました。

この表からわかるように、不正競争防止法には「既に存在する営業上の信用の保護」のような、知的財産法の中でも標識法に分類される法が担う役割だけでなく、他にも様々な役割があります。「市場先行の利益の保護」、「秘密管理体制の保護」（本書❿参照）、「限定提供データの管理体制の保護」（コラム❿-２データの保護参照）といった役割を分担しています。さらには「技術的制限手段の迂回手段の提供規制」により著作権法の保護を補完するなど、広く「競争秩序の保護」の役割も担います。

これらのうち、「技術的制限手段の迂回手段の提供規制」は、動画ファイルやソフトウェアなどに講じられたコピーコントロールやアクセスコントロールを回避するツールやサービスの提供、有料放送のスクランブルやソフトウェアのシリアルコード認証のような特定の者（例：契約者や購入者）以外の者が利用できないようにする手段を回避するツールやサービスの提供が対象です。これらの行為が放置されれば、ゲームソフトのアクセス不可の領域にあるセーブデータにアクセスして改ざんできるようになったり（例：ゲームのチートツールやセーブデータ改造サービス）、契約をせずに有料放送をタダでみられるようになったり（例：スクランブル解除装置）、ソフトウェアを買わずに購入者のふりをして自由に使えるようになったり（例：シリアルコードの不正流用）します。そうなれば、ゲームバランスが崩れゲームの評判に傷がついたり、有料放送を契約しようとする人やソフトウェアを正規に購入する人が減ったりするかもしれません。

そこで、不正競争防止法はコピーコントロールやアクセスコントロールの回避ツールやサービスを提供する行為（２条１項17号）と、特定の人以外の人が利用できないようにする手段の回避ツールやサービスを提供する行為（２条１項18号）を「不正競争」としています。なお、コピーコントロールやアクセスコントロールを迂回して複製すること自体は不正競争ではなく著作権侵害となり、たとえ自分だけで使うための複製であっても結論は変わりません（著作権法30条１項２号）。また、スクランブルがかけられた放送を解除する行為も不正競争ではなく著作権侵害とみなされる行為（著作権法113条６項）です。

さらに、「競争秩序の保護」の役割を担うものとして、商品やサービスの品質や原産地を誤認させる表示の使用の規制があります（２条１項20号）。品質や原産地を誤認させる表示をする行為は、景品表示法でも禁止されており、消費者庁からの課徴金納付命令（そうした表示を付した商品などの売上げの一部を国に対して支払うよう命じられる。景品表示法８条）の対象となります。加えて、不正競争防止法により、そうした表示によって営業上の利益を害されるおそれのある者は、表示をやめさせたり損害賠償を請求したりできます。

品質を誤認させる表示が問題となった裁判例としては、酒税のかかる「みりん」に代えて使われる調味料（みりんに塩などを加えたもので、「酒」として飲むことができないため酒税がかからず、みりんより安価である）に「本みりんタイプ調味料」との表示をする行為が、みりんであるかのような誤認を起こすとされたものがあります（本みりんタイプ調味料事件：京都地判平２年４月25日）。

また、原産地を誤認させる表示が問題となった裁判例としては、富山県氷見市の名物の１つである「氷見うどん」に関連するものがあります。裁判所は、岡山県で製造されたうどんに「氷見うどん」という表記を付す行為が、氷見市で製造されたうどんであると誤認させるおそれがあるとしました（氷見うどん事件：名古屋高金沢支判平19年10月24日）。

さらに、シャンパン（フランス・シャンパーニュ地方で栽培されたブドウを、定められた製法により地域内で醸造してできた発泡性ワイン）やスコッチ（イギリス・スコットランド地方で定められた材料や製法で蒸留されたウイスキー）などの酒類の地理的表示（コラム㉒-１参照）について、基準に当てはまらない酒類に地理的表示を付す行為についても、商品の品質や原産地を誤認させる表示の使用に当たります。

条文	役割の分類	不正競争とされる行為
1号	営業上の信用の保護	他人を指すものとして知られている商品等表示と類似するものを使うことで混同を生じさせる行為
2号		自分の商品等表示として他人の著名な商品等表示を使用する行為
3号	市場先行の利益の保護	他人の商品の形態を模倣した商品を譲渡する行為
4号	秘密管理体制の保護	営業秘密を不正に取得する行為（不正取得行為）
5号		不正に取得された営業秘密であることを知りながら、それを取得する行為
6号		取得した営業秘密が不正に取得されたものであることを知った後で、それを使用したり開示したりする行為
7号		営業秘密を保有する者から示された営業秘密を、不正の利益を得る目的又は営業秘密を保有する者に損害を与える目的で、それを使用したり開示したりする行為（図利加害目的開示）
8号		図利加害目的で開示された営業秘密であること又は契約などによる秘密保持義務に反して開示（法令義務違反開示）された営業秘密であることを知りながら、その営業秘密を取得する行為
9号		取得した営業秘密が、図利加害目的または法令義務違反で開示されたものであることを知った後で、それを使用したり開示したりする行為
10号		不正取得行為や図利加害目的開示、法令義務違反開示により取得された営業秘密を用いて生じた物を譲渡する行為
11号	限定提供データの管理体制の保護	限定提供データを不正に取得する行為
12号		不正に取得された限定提供データであることを知りながら、それを取得する行為
13号		取得した限定提供データが不正に取得されたものであることを知った後で、それを使用したり開示したりする行為
14号		限定提供データを保有する者から示された限定提供データを、不正の利益を得る目的又は限定提供データを保有する者に損害を与える目的で、それを使用したり開示したりする行為（図利加害目的開示）
15号		図利加害目的で開示された限定提供データであること又は契約などによる非提供義務に反して開示（法令義務違反開示）された限定提供データであることを知りながら、その限定提供データを取得する行為
16号		取得した限定提供データが、図利加害目的または法令義務違反で開示されたものであることを知った後で、それを開示する行為
17号	技術的制限手段の迂回手段の提供規制	コピーコントロール・アクセスコントロールの回避装置やツール、サービスの提供行為
18号		特定の者のみに利用可能とするための手段を回避する装置やツール、サービスの提供
19号	営業上の信用の保護	他人の氏名等の商品等表示と類似のドメインネームを、不正の利益を得る目的またはその商品等表示を用いる他人に損害を与える目的で取得する行為
20号	競争秩序の保護	商品やサービスの品質が原産地等を誤認させる表示をする行為
21号	営業上の信用の保護	競争関係にある他人の営業上の信用を害する虚偽の事実を流布する行為
22号		パリ条約の同盟国、世界貿易機関の加盟国又は商標法条約の締約国において商標に関する権利を有する者の代理人が、正当な理由がないのに、その権利を有する者の承諾を得ないでその権利にかかる商標と類似の商標をその権利にかかる商品等と類似の商品等に使用する行為

18歳からはじめる知的財産法

2 どんなものが著作物になるの？

設例 A君がショッピングモールに出かけたところ、幼稚園児の描いた絵が飾られていました。その中に担任の先生の娘さんがクレヨンで描いた謎の物体Xを発見したのですが、どうやらこれが「お父さん」らしいです。面白かったのでスマートフォンで写真に撮っておき、クラスTシャツのデザインとして使おうと思うのですが、こんな幼稚な絵なら使ってもいいですよね？

1 著作権法における著作物の定義

文化は、多くの創作活動がされバリエーション豊かな作品が生まれることで発展します。著作権法は文化の発展を促進するため、「思想又は感情を創作的に表現したものであって、文芸、学術、美術又は音楽の範囲に属するもの」を**著作物**として保護の対象としています（著作権法2条1項1号）。

著作物に当たるための条件は、①思想または感情の「創作的表現」であること、②「文芸、学術、美術又は音楽の範囲に属するもの」であること、の2つに分けることができます。さらに、①の条件は、〈a〉思想または感情（＝アイデア）そのものではなく、それが「表現」されたものであることと、〈b〉表現が「創作的」であること、に分けることができます。

2 思想または感情の創作的表現

⑴ **表現されたものであること** 著作物としての保護を受けるためには、人間の思想・感情が何らかの形を伴った成果物として具体的に表明される段階に至っていなければなりません。つまり、面白いマンガの構想が思い浮かんだとしても、それが頭の中にだけ存在するという時点では、保護されるべき著作物は未だ産み落とされていないということになります。

ここで注意が必要なのは、著作権法が保護しているのは**〈表現〉**であって、表現を形作る元となっている**〈アイデア〉**ではない、ということです。

たとえば、Xが艦船を擬人化することを思いつき、シミュレーションゲームを制作したとしましょう。Xの成功をみたYが、こんどはシューティングゲームを売り出したという場合、XはYを著作権の侵害で訴えることができるでしょうか？　この場合、「表現」されたものというのはシミュレーションであるとかシューティングという姿で制作されたゲームの部分になります。著作権法は、表現の元になるアイデア自体は保護の対象としていないのです。これを**《アイデア・表現二分論》**と呼んでいます。

アイデアそのものが著作物として保護されない理由は、抽象的なアイデアを保護しようにも具体的にそれを特定するのが難しいこと、アイデアそのものを保護することで仮にアイデアが更に多く生まれたとしても、それが「表現」されなければ何ら文化が発展しないこと、多様な表現の源となるアイデアそのものを保護して特定の者に独占させてしまうと、かえって多様な表現が生み出される妨げとなって文化の発展に支障を来すこと、が挙げられます。

したがって、アイデアがいくら優れていても、そのことは著作権による保護がされるかどうかとはまったく関係ないことになります。逆にいえば、アイデアの水準がいくら低くとも、そのことは何ら著作権による保護を否定する要素にはなりません。

⑵ **表現が創作的であること**　ある思想や感情があるときに、それをその人なりの個性で**表現**したものが世に生み出されれば、表現をした人の個性の数だけ世の中に多様な作品が生まれ、文化が発展することになります。逆に、ある思想や感情についての表現が、誰がやっても同じような表現に止まるのであれば、そのような表現を保護したところで、世の中に多様な作品が生まれるわけではなく、文化が発展することもありません。

そこで著作権法は、その人の個性があらわれているような**表現**に限って保護を認めることにしたのです。言い換えれば、「誰がやっても同じになる表現」は著作権法の保護の対象となりません。たとえば、バスの時刻表を思い浮かべてみてください。時系列を無視して出発時刻を並べる奇をてらった時刻表は、時刻表としての機能を発揮できなくなってしまいます。誰もが読みやすいという時刻表としての機能をもたせるには出発時刻を時系列順に並べる必要があり、誰が作業をしても同じようなものが仕上がります。「時刻表として誰もが読みやすい配列は時系列順」というアイデアを表現するには、発車時刻を時系列順に並べる以外に方法がないため、誰が表現しても同じような表現になるのです。したがって、そのような時刻表は**「創作的」に表現されたもの**とはされず、著作物には当たりません。

同じように、実験データを示した表やグラフも著作物には当たりません。実験データそのものは、そもそもアイデアの域を出ていませんので、それを

コラム❷-1　著作物の保護範囲をめぐる議論

著作権法の2条において保護対象に含まれることが明確に例示されている「美術」ですが、その範囲については議論があります。たとえば、椅子については日常的に使用される家具ですが、デザイナーが展覧会のために制作するものもあります。

この問題については、意匠法と著作権法の役割の違いとして理解すべきところでしょう。著作権法は、もっぱら観賞を目的として制作された絵画や彫刻などの純粋美術（fine art）を保護の対象として想定していました。他方で、実用品のデザインは**応用美術**（applied art）と呼ばれ、このような実用品のデザインは**意匠法**によって保護されています（⓫参照）。もっとも、実用品や量産品であっても、Tシャツのデザインや仏壇用の彫刻、博多人形のように、製品の機能によって制約を受けない表現であって純粋美術と変わらないものについては著作物として著作権法で保護が認められています。さらに近年では、幼児用の椅子のデザインについて著作物であると認めた裁判例もあります（TRIPP TRAPP事件：知財高判平27年4月14日）。

同様に保護範囲についての議論が生じているのがタイプフェイス（文字フォント）です。文字の書き方についてもトメ・ハネ・ハライを工夫することによって創作的な表現をすることが可能です。しかし、たとえば「め」という文字について形を変えすぎると「ぬ」の区別が付かなくなってしまいます。印刷用書体については、加工を施すにしても情報伝達を阻害しないようにしなければならないという制約があるため、書体ごとの差異はわずかなものにとどまりがちです。判例は、「従来の印刷用書体に比して顕著な特徴を有するといった独創性」と「それ自体が美的鑑賞の対象となり得る美的特性」を備えている場合にはタイプフェイスが著作物として保護される余地があることを示しています（最判平12年9月7日）が、この要件を満たすのは難しいでしょう。

表やグラフとしなければ、表現にはなりません[1]。

また、「ボク安心　ままの膝より　チャイルドシート」という５・７・５調で交通標語を作った人物が、「ママの胸よりチャイルドシート」というスローガンをテレビ放映した団体を相手取って争った裁判例では、この交通標語は「創作的な表現」には当たらないとされています（東京高判[2]平13年10月30日）。スローガンの場合には制約があって同じような表現となってしまうことが多いことが理由です。同じようにニュースの見出しも、「いつ」「どこで」「誰が」「何を」といった要素を事実に沿って組み合わせると自ずと**ありふれた表現**[3]になってしまうため、創作的な表現となりません。

ただ、短い文章がすべて創作的な表現にならないわけではありません。17文字で綴られる俳句は、詠んだ人によって異なる情景を描き出しており、創作性が認められます（俳句添削事件：東京高判平10年８月４日）。そうすると、最大140字程度書くことができるTwitterのツイートは、十分に創作的な表現になりえます。

一方、電話帳には「タウンページ」というものがあります。これは商店を職業分類ごとに並べ直したものであり、スポーツ用品店を「スキーショップ」か「テニスショップ」かで区別しています。このように、ありふれた分類以上に工夫が施されている場合、ありふれた分類の中から独自の分類に適合するものを選んで分類することになり、その工夫には作成した人の個性が顕れます。したがって、そのような分類がされたデータベースは、作成者の個性が表現されており、「創作的表現」ということができます（タウンページ事件：東京地判[4]平12年３月17日）。

また、「創作的」な表現であること、という条件は、表現の程度が高いことを要求しません。たとえば、敬老の日の前後にはショッピングモールなどで幼稚園児が描いた「おじいちゃん・おばあちゃんの絵」が展示されていることがあります。同じ画用紙と同じ色のクレヨンを同じ幼稚園に通う同じ年齢の子供たちに渡して似顔絵を描いてもらった場合を想像してみてください。おそらく、同じ画材で同じモデルを描いたとしても違う絵になります。著作権法上の「創作的」な表現というためには、これで十分です。ここで、仮に表現が創作的であることが表現の程度の高低の問題であるとすると、子供が描いた下手な絵は「創作的」ではないとされるかもしれません。もし、絵の巧拙が著作権保護の分かれ目になると、争いが起きたときに最終的に結論を出す裁判官が、絵の出来を判断して著作権保護の有無を決めることになります。言い換えれば、裁判官の主観によって保護される文化とそうでない文化が決まることになります。ですから、絵が上手いか下手かを問うのではなく、表現されたものに個性の発揮を見出すことができるのであれば、それは創作的な表現と理解すべきということになります。説例の事案についても同様であり、Ａ君の担任の先生の娘さんが描いた物体Ｘが、お父さんの姿に見えないという理由で創作的な表現とされないことはありません。

３　文芸・学術・美術または音楽の範囲に属するものであること

著作権法２条１項１号にいう著作物に当たるためには、「文芸、学術、美術または音楽の範囲に属するもの」のどれかにあてはまらなければならないのでしょうか？　そういわれても、創作者の個性が顕れた表現を、これら

1　データの著作物性
このことは、実験データが世界で初めて観測に成功したノーベル賞級のものであろうが変わりません。実験データを正確に伝えるためには、ありふれた表やグラフの形式にせざるをえないことになり、誰がその表やグラフを作成しても同じようなものが仕上がることになるため、創作的な表現にはなりえないのです。無論、奇をてらった表やグラフであれば誰が表現しても同じにはならないので「創作的な表現」になりうるでしょうが、それでは実験データを正確に伝達するという機能を果たすことは難しいでしょう。

2　高　判
「高」等裁判所が出した「判」決、の略です。

3　ありふれた表現
ある新聞社Ｘがインターネットに掲載したニュース記事に「いじめ苦？　都内のマンションで中３男子が飛び降り自殺」という見出しを付けました。ところが、これと同じ見出しを、検索サービスを提供する別の会社Ｙが配信するニュースで用いたという事件が生じました。しかしながら報道の見出しは、内容を簡潔に伝えなければならないという制約や、使用できる字数の限界があって表現の選択の幅は広くなく、創作性を発揮する余地が比較的少ないとされています（ヨミウリ・オンライン事件：知財高判平17年10月６日）。

4　地　判
「地」方裁判所が出した「判」決、の略です。

の分類のどれかにぴったりと当てはめることなど現実的には不可能です。ミュージカルの例でいえば、台詞や歌詞は文芸の範囲、舞台装置は美術の範囲、劇中の曲は音楽の範囲、ということになるでしょう。しかし、振り付け（舞踊）をこれらのどこかに入れるのは困難です。どれにも当てはまらないからといって、創作者の個性があらわれた表現のうち、舞踊だけを著作物としない理由はありません[5]。

この「文芸、学術、美術又は音楽の範囲に属するものであること」とは、単に文化の範囲に属するとはいえないもの（例：蚊をよけるためのモスキート音の発信パターン）を著作物から除くための条件として理解されています。ですから、「文化の範囲に属するもの」として読み替えて構いません。

説例の物体Xは文化の範囲に属するものであり、既に述べたように創作性も満たしているのですから、著作物であるといえるでしょう。

➾ 5　舞踊の著作物性
バレエの振り付けに著作物性があることを前提とする裁判例として、ペジャール事件（東京地判平10年11月20日）があります。なお、そもそも舞踊は著作物の例として著作権法に明記されています（本章の**4**を参照）。

4　著作物の例示について

著作権法10条や12条[6]、12条の2[7]では著作物の例が示されており、脚本、舞踊、彫刻、建築、地図、映画、写真、プログラム、編集物、データベース等が挙げられています。ただ、これは例示列挙にすぎません。例に挙げられていないものであっても、**1**～**3**の要件を満たしさえすれば、著作物に当たります。

たとえば、道路に設置されている速度違反の自動取締装置で撮影された違反車両の写真には著作物性は認められません。違反車両を特定するにはナンバーを入れて撮影する必要があり、被写体の取捨選択や撮影の構図は誰が行っても同じになります。そのような写真は創作的な表現にはならず、著作物にはなりません。

➾ 6　編集著作物
著作権法12条1項は、「素材の選択又は配列によつて創作性を有するもの」を編集著作物として保護すると定めています。詳しくは**コラム⑩-2**を参照。

➾ 7　データベースの著作物
著作権法12条の2第1項は、「情報の選択又は体系的な構成によつて創作性を有する」ものをデータベースの著作物として保護すると定めています。詳しくは**コラム⑩-2**を参照。

コラム❷-2　プログラムの著作物

コンピュータを動かすためのプログラムについては区別が必要なところがあります。たとえばゲームを遊ぼうとしたときに立ち上げるアプリケーションは、作った人の個性が表現されているものですから、これを著作物として扱うことに差し支えはありません（著作権法2条1項10号の2）。

問題は、プログラムと一口に言っても様々なものがあるということです。そこで著作権法は、プログラムを書くために使われるC言語やJavaのようなプログラミング言語は、表現するための手段（ツール）にすぎないので著作物としては扱わない、と位置づけることにしました（著作権法10条3項）。

たとえばエスペラント語のように言語を人工的に創造することもできますが、言葉そのものは著作物としての保護を受けません。しかし、エスペラント語を用いて詩や小説を書いたのなら、それは創作物として保護されることになります。プログラミング言語も同じような構造になっていると理解してください（ソフトウェアの法的な保護について、詳しくは本書⑱を参照）。

プログラミング言語とアプリの中間に位置するのが、アプリを作動させるための基盤（プラットフォーム）として働くプログラムであるオペレーティングシステム（OS）です。OSにはWindows、iOS、Androidなどがありますが、それぞれ機能や操作性に違いがあって開発者による工夫が凝らされていることからわかるように、アイデアを表現した著作物ということができます。

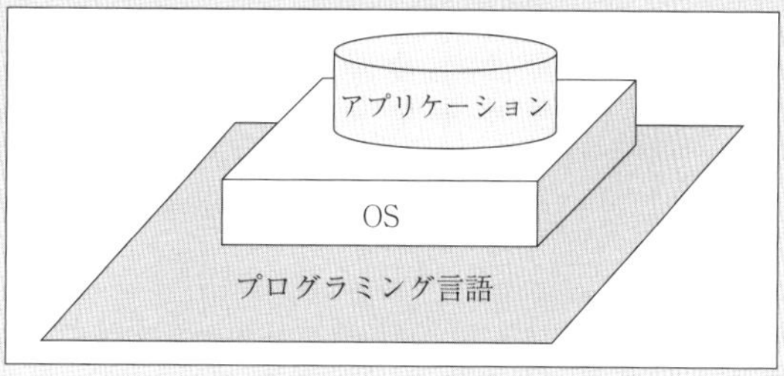

18歳からはじめる知的財産法

3 著作者になるのは誰？

設例 Xさんは大学に通いながらマンガ家を目指して練習を積んでいるのですが、お絵描きSNSに投稿したイラストが編集者の目に留まったことが縁で、Y氏のライトノベル『ほうぶん！』をマンガ化する仕事の話が舞い込みました。喜び勇んで第1話を見本として描いて送ったものの、そのまま連絡が途絶えてしまいました。ところがその数カ月後、Y氏の小説をコミカライズした作品が、別のマンガ家Zを起用して発売されることになったことを知りました。でも、Zの描くヒロインはXが描いた図柄そのままのような気がします。これって許されるのでしょうか？

1 著作者をめぐる争い

前章では「著作物」とは何かを学びましたが、その著作物を創作した者が「著作者」です（著作権法2条1項2号）。著作者は、**著作者人格権**をもつとともに、創作の時点で著作権（**著作財産権**）をもちます[1]。著作財産権は他人に譲渡することができ、相続によっても移転します。他方、著作者人格権は著作者しか主張できません。

著作物の創作的表現を行った人のみが著作者となります。著作物の創作にかかわったとしても、アイデアを出しただけでは著作者にはなりません[2]。また、指示どおりイラストの着色や彫像の粘土付けなどの作業をする人や、資金を出して作家の生活を支える人は、著作者にはなりません。

著作物を1人で作り上げたのであれば何も難しいことはないのですが、複数の人物が1つの著作物の創作にかかわった場合には、誰がどのような権利をもつのかで争いになることがあります[3]。

たとえば、こんな事件がありました。マガジンハウス社の雑誌『an・an』や主婦と生活社の雑誌『JUNON』などに掲載されたアイドルグループSMAPのインタビューを集めた書籍『SMAP大研究』が、Y社から出版されました。しかしY社は許可を取らずに出版していたため、この本の出版をやめるよう裁判が起こされたのです。この際、雑誌を発行する出版社3社とSMAPのメンバー6人（1995年当時）とが**原告**[4]となったのですが、はたしてインタビュー記事の「著作者」は、取材に答えて話をした人物（口述者）の方なのか、それとも取材内容を文章にまとめた側の方なのかが争いになったのです。

これについて裁判所は、インタビュー記事の作り方には様々な態様があって、口述者の言葉を聞き取って逐語的にそのまま文書化したような場合には、口述者と聞き取った側の両方が著作者になるような場合もあると示しています。ただ、今回問題となった文章の場合、聞き取った側で用意した質問にアイドルが答え、その回答を聞き取った側が取捨選択して文章に仕立てる

[1] 著作財産権と著作者人格権については、本書❹を参照。

[2] 本書❷の《アイデア・表現二分論》を参照。

[3] 会社や学校などがかかわって著作物が作られる「職務著作」については、本書⓱を参照。

[4] **原　告**
お金に関する争い等を扱う民事裁判の場合、訴えた側を「原告」、訴えられた側を「被告」と呼びます。なお、犯罪について扱う刑事裁判の場合、訴えるのは検察官で、罪を犯したとして訴えられた者は「被告人」と呼ばれます。

という作り方をしていたことから、インタビューに答えたアイドルは素材を提供したにすぎず、記事の著作者ではないと判断されています（東京地判平10年10月29日）。

2　著作者が複数となる場合

1つの著作物について「著作者」が複数となるのは、主に次のような場合があります。

(1)　**共同著作物**　たとえば、ゆのさんがキャンバスに木炭で下絵を描き、それに宮子さんが絵の具で色を塗って油絵を完成させたとします。この完成した絵を、宮子さんがゆのさんに無断で絵ハガキにして売ることはできるのでしょうか。

油絵は、完成してしまうと「下書きだけ」あるいは「絵の具だけ」を取り外すことはできなくなります。このように、「二人以上の者が共同して創作した著作物であつて、その各人の寄与を分離して個別的に利用することができないもの」のことを**共同著作物**といいます（著作権法2条1項12号）。

共同著作物の場合、創作活動を行った著作者全員の合意がなければその著作物を利用することはできません（著作権法65条2項）。そのため、宮子さんが無断で複製を作成した行為について、ゆのさんは著作権侵害を理由にやめさせることができます。なお、共同で創作活動を行った著作者は、正当な理由がない限り、合意を拒否することはできません（同3項）。

(2)　**結合著作物**　次に、秋山澪さんが詞を書き、一緒にバンドを組んでいる琴吹紬さんが作曲して『ふわふわタイム』という曲を作った場合を考えてみましょう。2人が協力して1つのものを作ったという点は共通しているのですが、楽曲の場合には詞と曲を分けることが可能です（例：メロディだけをインストゥルメンタルにしてスーパーマーケットの店内BGMに使う）。このように、通常は一体として利用されるものであるけれども分離させることも可能なものは**結合著作物**と分類します。この場合、歌詞については作詞者が、メ

コラム❸-1　映画の著作物

映画については、1つの作品を作り上げるのに数多くの人が関与するという事情があるため、特殊な取り扱いがなされています。著作権法16条では「映画の著作物の著作者は〈…〉制作、監督、演出、撮影、美術等を担当してその映画の著作物の全体的形成に創作的に寄与した者」と定めています。

たとえば、1974年にテレビ放映されたアニメ『宇宙戦艦ヤマト』の著作者は誰なのかが争われた事件では、テレビ版では「監督」と表示されていたマンガ家・松本零士ではなく、放射能除去装置を入手するため2万光年の彼方まで1年以内に往復するというストーリーを作成したり、作品に登場する乗り物を戦艦大和にちなんだものにしたり、主要なスタッフの人選をしたりしたプロデューサーの西崎義展が著作者であるとされました（東京地判平14年3月25日）。

もっとも、映画の著作物の場合、映画の著作者が映画製作者に対し当該映画の著作物の製作に参加することを約束しているときは、**映画製作者**が著作権をもつと定めています（著作権法29条）。映画製作者とは、「映画の著作物の製作に発意と責任を有する者」（著作権法2条1項10号）とされています。たとえば、『超時空要塞マクロス』の著作権が争われた事案では、製作に関する収入・支出を自身の計算において行っている竜の子プロダクション（現：タツノコプロ）が「映画製作者」として著作権をもつと判断されました（東京高判平15年9月25日）。29条が適用されると、映画の著作者人格権は著作者である映画監督等がもち、著作者は映画製作者である映像会社などがもつという形になります。

ロディについては作曲者が別々に権利をもつことになります。

3　二次的著作物の著作者

⑴　**二次的著作物とは**　　とある小説（A）が映画化（B）された場合、先行著作物の小説Ａがなければ後続著作物の映画Ｂは生まれません。このように、元の著作物から派生して著作物が新たに創作されることがあります。著作権法では「著作物を翻訳し、編曲し、若しくは変形し、又は脚色し、映画化し、その他翻案することにより創作した著作物」を**二次的著作物**と定義しています（著作権法２条１項11号）。「二次的」とありますが、二次的著作物は連鎖して創作され、３段目、４段目とさらに続くこともあります。たとえば、映画Ｂを元にしてマンガＣが描かれたり、マンガＣが外国語に翻訳されてマンガの翻訳本Ｄになったりすることもあるでしょう。これらは、「小説Ａの二次的著作物である映画Ｂ」を原著作物とする二次的著作物のマンガＣや、「『小説Ａの二次的著作物である映画Ｂ』の二次的著作物であるマンガＣ」を原著作物とする二次的著作物の翻訳本Ｄとなります。

⑵　**二次的著作物と原著作物の関係**　　二次的著作物については紛争になりやすいところですので、もう少し詳しくみていきましょう。

先に挙げた例のように［小説Ａ］→［映画Ｂ］→［マンガＣ］というつながりが生じていたとしても、Ａ／Ｂ／Ｃは別個の著作物であり、それぞれについて独立した権利が発生します（著作権法11条）。ただ、二次的著作物には、元の著作物の創作的表現が使われています。そこで著作権法27条は「著作者は、その著作物を翻訳し、編曲し、若しくは変形し、又は脚色し、映画化し、その他翻案する権利を専有する」と定めることで、著作者に、自らの著作物を翻案等することで二次的著作物が創作されるのを禁止する権利（**翻案権**）を設定しています[5]。これを先の例に照らしていえば、原著作物である小説Ａの著作者（原作者）は、自らに無断でその小説を元にした映画Ｂを撮ったり、マンガＣを描いたりすることをやめさせる権利を有しています。

➾5　翻案権については、本書❹を参照。

また、二次的著作物の翻案権は、二次的著作物の著作者だけでなく、上流の著作者（原著作者）にもそれぞれ生じます（著作権法28条）。つまり、マンガＣをスペイン語に翻訳して出版するには、マンガＣの著作権者の許諾に加え、その元になった映画Ｂや小説Ａの著作権者の許諾が必要です。

⑶　**アイデア・表現二分論と二次的著作物**　　著作物を生み出すには、先人の残した文化的所産の影響を受けずにはいられません。小説Ａの作家が、昔見たドラマに刺激を受けて登場人物を設定することもあるでしょう。ドラマＱの脚本家が小説Ａを読んで「この登場人物は、僕のドラマＱにそっくりじゃん！」と憤慨するかもしれません。しかし著作権法は、アイデアが同じであることを問題としません。著作権法はアイデアそのものではなく、それを作者の個性があらわれた〈表現〉にしたものだけを保護するので（**アイデア・表現二分論**、本書❷２参照）、ドラマＱのある程度まとまった量の台詞が小説Ａでそのまま使われていれば小説ＡはドラマＱの二次的著作物となりえますが、登場人物の設定が似通っている程度であれば小説ＡはドラマＱの二次的著作物にはなりません。

他方、著作物には、先行著作物と意図的に結びつけて創作されるものがあります。たとえば、モンキー・パンチが産みだした『ルパン三世』は、モーリス・ルブランが小説で描いた「アルセーヌ・ルパン」を知らないと、どうして『三世』なのかわかりません。あるいは『金田一少年の事件簿』も、横溝正史の推理小説に出てくる「金田一耕助」という探偵の存在があってこそ、その名に意味が出てきます。これらの**パロディ**をめぐる話題については⓳で触れます。

4　設例への解答

図❸－1

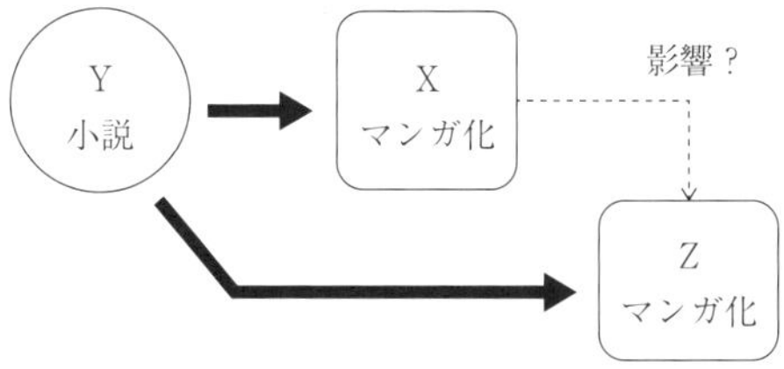

設例の場合、既にYの小説『ほうぶん！』のストーリーをもとにXがマンガ化しているので、Xが描いたマンガは『ほうぶん！』の二次的著作物に当たります。Xが『ほうぶん！』を発売前にみせてもらいマンガを仕上げた場合でも、Xが見本として描いた作品が公表はされておらず編集者などにみられたにすぎなくても、位置づけは変わりません。

仮にXのマンガをみてZがマンガを作成し、ZのマンガにXの創作的な表現が残っていれば、ZのマンガはXの著作権を侵害することになります。たとえば、Xのマンガの登場人物の図柄の具体的な表現がZの図柄と共通していれば、Zの行為はXの著作権（**翻案権**[6]）の侵害となります。また、Yのオリジナルの文章にはない台詞をXが独自に加え、この台詞をZがそのまま使っていれば、Zの行為はXの著作権（**複製権**[7]）の侵害になります。

他方で、ZのマンガとXのマンガとで登場人物の設定に共通点があるとしても、それだけでは、Xの著作権侵害とはなりません。

➾6　翻案権については、本書❹2(3)を参照。

➾7　複製権については、本書❹2(3)を参照。

コラム❸－2　マンガの著作者

© 扶桑社

マンガの制作では、1つの作品を描くのに複数の人物がかかわることもあります。

たとえば『孤独のグルメ』の表紙には「久住昌之原作　谷口ジロー作画」と表記されています。このような場合、主人公がどこで何をするのかについては原作担当者が考えてプロット（台本）を用意し、その案に従って作画担当者が絵を描いていく、という制作過程を辿ったものと推察されます。しかし、『カードキャプターさくら』の場合、大川七瀬がストーリーを考え、五十嵐さつき／猫井みっく／もこなあぱぱ（当時）らが作画して制作されたと伝えられていますが、作者として表示されているのはユニット名の「CLAMP」だけです。

マンガに構成担当者と作画担当者がいる場合、両者がどのように関係していたかによって権利関係が変わってきます。『キャンディ・キャンディ』は、児童文学作家X（水木杏子）がストーリーを考え、マンガ家Y（いがらしゆみこ）が作画を担当した少女マンガで、1976年にはアニメ化もされました。ところがその後、YがXに断りなく複製原画を販売する等したため争いとなりました（最判平13年10月25日）。

もし、Yが絵を描いている最中に登場人物の台詞についてXに相談し、Yの意見を踏まえてXは以後のストーリーを変えたというようなやりとりがあったとすれば、XとYは協力して1つの作品を作ったことになるので**共同著作物**として扱われます。これに対し、Xは物語を書き上げてYに渡しており、Yがストーリー展開に影響を与えるようなことはなかった場合は、YのマンガはXの物語を原作とする**二次的著作物**ということになり、XはYに対して原著作者としての権利をもつことになります。

4 著作者にはどんな権利があるの？

設例 かつてU君には空想の世界に入り浸っていた時期がありました。自分は竜騎士の転生体であると信じ込んで「ダークフレイムマスター」と二つ名を名乗り、決めゼリフ（ポーズ付き）の練習をしていたのです。そんな恥ずかしい過去は高校デビューで消し去ったはずでした。ところが大学生になった今、実家の押し入れにしまい忘れていた中学２年生の頃の青春ポエムが妹によって発掘され、ネットにさらされているではありませんか…。

1 著作権の内容

ある**著作物**[1]が作られると、その**著作者**[2]には権利が発生します。著作者がもつ権利は、〈著作物を使ってカネを儲けるための権利〉である**著作財産権**と、〈著作者の“こだわり”を守るための権利〉である**著作者人格権**の２種類に分けることができます。

この２つの大きな違いは、権利を他人に譲り渡すことができるかどうかにあります。たとえば、ある作家が亡くなった場合、**印税**[3]は遺族が代わって受け取ることになるでしょう。このように、著作物をめぐるカネの分け前は、著作物を創作した本人ではなくても受け取ることがあります。

これに対し、作家が小説を執筆するに際して込めた様々な想いは、著作物を創作した当の本人の名誉やプライドにかかわってくるものです。そのため著作者人格権は、誰かに譲り渡すことのできない一身専属の権利です。

2 もうけを確保するための権利：著作財産権

あなたが小説を書き、それが本となってベストセラーになれば、たくさんのおカネが稼げるかもしれません。それなのに、あなたが小説投稿サイトに載せた文章が勝手に書籍化され売り出されてしまったら、あなたが手に入れるはずだったもうけは誰かの手に渡ってしまうかもしれません。そこで著作権法は、著作者が他人に自分の著作物を利用させないようにできる権利を設定しています。といっても、著作物の利用行為のすべてが対象となっているわけではなく、複数の限られた利用行為がこの権利の対象として規定されています（**支分権**）。これらの権利は、著作者がもつ財産的な権利として位置づけられており、**著作財産権**といわれます。著作財産権の侵害と認められるためには、以下に示す条件を満たす必要があります。

(1) **依拠性**　著作権制度が取り扱う文化の世界では、創作行為が進めば進むほど多種多様な表現が生み出されることになります。したがって、多種多様な表現が生じた場合に、その表現が重複したからといってすべて侵害に

1 本書❷参照。

2 本書❸参照。

3 印 税
著作権を使用した対価として支払われる金銭のことを「印税」と通称しています。これはかつて、出版された本の部数を数えるために「検印紙」という紙片を奥付に貼り付けた上、ごまかしがないか確認するために著者が印を押していたことの名残です。

してしまうと、多様な表現が生み出される妨げになりかねません。

そこで、著作財産権侵害となるためには、先行著作物の創作的表現にアクセスしていること（＝**依拠**があること）が条件とされます[4]（ワン・レイニー・ナイト・イン・トーキョー事件：最判昭53年９月７日）。言い換えれば、互いの存在を知らずに創作活動がされた結果、偶然に表現が一致してしまった場合には著作財産権の侵害とはならない、ということです。

⑵　**類似性**　　著作権法の保護対象である「著作物」となるためには、思想感情の「創作的表現」であることが条件の１つとされています[5]。ですから、先行する著作物の「創作的表現」とは関係のない、アイデアやありふれた表現が似ているにすぎない場合に著作権侵害と認めてしまうと、著作物ではないものに保護が及ぶことになってしまいます。したがって、著作物の利用が、先行著作物の「創作的表現」が再生された状態で行われていることが著作財産権侵害の条件となります。

このことは、支分権の対象行為の１つである翻案について、「その表現上の本質的な特徴の同一性を維持しつつ、具体的表現に修正、増減、変更等を加えて、新たに思想又は感情を創作的に表現することにより、これに接する者が既存の著作物の表現上の本質的な特徴を直接感得することのできる別の著作物を創作する行為である」と説示した裁判例によって裏付けられています[6]（江差追分事件：最判平13年６月28日）。

⑶　**支分権**　　これまでに述べた２つの条件が満たされた状態で、**支分権**の対象となる行為をすることを、著作者は禁止することができます。

▶**複製権**　　著作権の中心にあるのが**複製権**です。著作権のことを英語でCopyrightといいますが、これは15世紀にグーテンベルクが活版印刷術を発明して本の複製（copy）を大量に作成できるようになったことで必要になった権利（right）です。ただ、著作権法にいう「複製」は、日常的に用いられる「コピー」よりも広い概念です。たとえばテレビドラマをレコーダーで録画することは、電波に乗ってやってきた情報をHDD等に対して「有形的に再

➾４　ワン・レイニーナイト・イン・トーキョー事件
1963年に発売された歌謡曲『ワン・レイニーナイト・イン・トーキョー』が、1934年の映画『ムーラン・ルージュ』の主題歌『夢破れし並木道』に類似しているとして訴えられました。しかし裁判では、『夢破れし並木道』は誰もが知っている著名なものとはいえず、偶然「既存の著作物と同一性のある作品が作成されても、それが既存の著作物に依拠して再製されたものでないときは、その複製をしたことにはあたら」ないと示されています。

➾５　本書❷参照。

➾６　江差追分事件
木内宏の書籍『北の波濤に唄う』には「江差が、九月の二日間だけ、とつぜん幻のようにはなやかな一年の絶頂を迎える。日本じゅうの追分自慢を一堂に集めて、江差追分全国大会が開かれるのだ。」という文章がありました。これに対しテレビ番組では「九月、その江差が、年に一度、かつての賑いを取り戻します。民謡、江差追分の全国大会が開かれるのです。」というナレーションがありました。裁判では、ナレーションは書籍に依拠して創作されたものではあるが「表現上の本質的な特徴」に同一性があるとはいえず、翻案には当たらないと判断されました。

コラム❹-1　ゲームソフトと同一性保持権

1994年にコナミから発売されたゲーム『ときめきメモリアル』は、恋愛シミュレーションというジャンルを開拓した作品の１つです。このゲームは高校に入学した男子生徒の３年間にわたる学校生活を体験するものであり、卒業式の日に意中の彼女から愛の告白を受けられるような関係の構築を目指すものでした。ところがこのゲームは難易度がやたら高く、意中のヒロインと釣り合う相手になれないまま終わってしまう事態が多発してしまいました。

そこでＧ社は、主人公の才能を表す「体調」「容姿」といったパラメータを書き換えてゲーム開始直後から楽に遊べるようにしたり（いわゆるチート行為）、エンディングがすぐにみられるよう卒業式の直前までゲームを進めたりしておいた（その結果、隠しキャラが最初から登場してしまう）セーブデータをメモリーカードに保存して販売しました。このようなＧ社の行為が著作権法に違反するのかが裁判で争われることになったのです。

Ｇ社の言い分は、セーブデータの改造は行ったが、著作物本体であるゲームはCD-ROMに入っているものであるから改変はしていない。つまり、著作物の同一性は保持されている、というものでした。

しかし裁判所は、このメモリーカードの使用によって、パラメータで表現されていた主人公の人物像が改変されるとともに「本件ゲームソフトのストーリーが本来予定された範囲を超えて展開され，ストーリーの改変をもたらす」ものであるとして、同一性保持権の侵害があったと判断しています（最判平13年２月13日）。

もっとも、パラメータをいじる行為のすべてが違法となるわけではありません。同様に歴史シミュレーションゲーム『三國志Ⅲ』についても登場武将の能力値を変更するプログラムが提供されたことがありましたが、もともと多様な展開が予定されているゲームの場合には、ゲーム展開の表現に関する著作物の改変に当たらないと判断されています（東京高判平11年３月18日）。

製する」(著作権法2条1項15号) 行為に該当するので、著作権法の定義では複製に当たります。

▶**上演権・演奏権**　軽音楽のバンドが著名アーティストの楽曲をカバーして観客の前で演奏すると、誰かが作詞作曲した音楽を利用することになります。このような「公衆」に聞かせるための演奏をコントロールするのが**演奏権**です[7]。不特定の者や、特定されていても多数の者に演奏する場合は「公衆」に該当します。一方、家族や友人のような特定少数の人は「公衆」ではないので、それらの人に向けて演奏しても侵害にはなりません[8]。

演劇は、脚本を演じて行うものですので、公衆にみせることを目的に脚本を演じれば上演権の対象となります。

▶**上映権**　公衆に対し、映像を映し出す行為をコントロールするのが**上映権**です。スクリーンに映画を映写する、レコーダーに録画してあった番組をディスプレイで流す、壁面にプロジェクターで画像を投影する、といった行為に上映権が及びます。

▶**公衆送信権・伝達権**　もともとはラジオ局やテレビ局が放送する行為を想定して放送権や有線送信権が定められていました。その後、1997年に放送や有線放送のような、一度の送信で公衆が受信するタイプの送信だけでなく、インターネット上の送信のような公衆の求めに応じて自動的に行われる送信 (自動公衆送信) などをすべて含む**公衆送信権**が定められました。Twitterに文章を書き込んだりInstagramに写真を載せたりすることも公衆送信権によるコントロールを受けます。

▶**口述権・展示権**　公衆に対し小説や詩を朗読する行為をコントロールするのが**口述権**、絵画や彫刻などの美術の著作物の原作品を公衆にみせる行為をコントロールするのが**展示権**です。ただし、その美術品の所有者は、公衆に開放されている場所等を除き自由に展示できます (著作権法45条)。

▶**譲渡権・貸与権**　本や音楽CDなどの著作物 (ただし映画は除く) が有体物の形で、公衆に譲渡される行為 (例：CDの販売) をコントロールするのが**譲渡権**であり[9]、公衆に貸与される行為 (例：CDの貸出) をコントロールするのが**貸与権**です。どちらも、公衆に対する譲渡や貸与のみが禁止されるので、特定の少数の人にあげたり貸したりすることは制限されていません。ですから、身近な友人と本やCDの貸し借りをすることは問題になりません。なお、著作権者がいったん販売した著作物を、さらに公衆に販売することは自由です。たとえば、書店で購入した新刊書籍を中古書店に売る場合です[10]。

▶**頒布権**　映画について特殊な扱いを定めているのが**頒布権**です。頒布[11]には、映画の著作物の複製物であるDVDなどを公衆に譲渡や貸与する場合と、公衆に向けた上映を目的に上映用フィルムなどを特定少数の映画館などに譲渡や貸与する場合とを含みます。映画の製作には多額の費用を要しますが、その費用は映画館で得られる興行収入により回収します。その際、それぞれの映画館での上映のタイミングを製作者側がコントロールするため、劇場用映画についてはフィルムを (売るのではなく) 貸与する配給制度が構築されています。このような特殊事情に対応するのが頒布権です。

なお、市販のDVDのような公衆に向けた上映目的で譲渡されていないものについては、最初に販売された時点で著作権者が対価を得られていることから、購入者が中古市場に売却する行為について頒布権は及びません (ゲー

➾7　カラオケ法理
スナックでのカラオケは、歌うのは客自身ですが、機器は店が設置し管理しています。また、店はカラオケをしたい客に来てもらい利益を得ます。この場合、客の歌う行為は店による演奏とみなされ、無許諾でカラオケをさせれば店が演奏権侵害に問われます (クラブキャッツアイ事件：最判昭63年3月15日)。

➾8　音楽教室でのレッスン
音楽教室での演奏についても、著作物の使用料を支払うべきかが争いとなっています。裁判例では、音楽教室での演奏のうち、教師の演奏について、運営者は許諾を得る必要があるとされています。教師の演奏は不特定の者から募った「公衆」である生徒に聞かせるためにされ、これを管理・支配する運営者が、演奏の主体となるというのがその理由です (音楽教室事件控訴審：知財高判令3年3月18日)。他方で、生徒の演奏については、技術の習得のための任意かつ自主的なものであり、運営者が許諾を得なくともよいとされています (同上告審：最判令4年10月24日)。

➾9　譲渡権
著作権法では、譲渡権を映画以外の著作物の「原作品又は複製物」(26条の2) に関するものとした上、「複製」とは「有形的に再製すること」(2条1項15号) と定義しています。そのため、譲渡権の対象となるのは、本やCDのような有体物に限られると理解されます。したがって、電子書籍のようなデジタル著作物は譲渡権の対象とはならず、後述する「消尽」も働かないと考えられています。

➾10　消　尽
著作権者がもつ譲渡権は、最初に販売された時点には作用するが、その後は働かないとされています。これを「消尽」といいます (著作権法26条の2)。

➾11　頒　布
著作権法2条1項19号では「頒布」を「有償であるか又は無償であるかを問わず、複製物を公衆に譲渡し、又は貸与することをいい、映画の著作物又は映画の著作物において複製されている著作物にあつては、これらの著作物を公衆に提示することを目的として当該映画の著作物の複製物を譲渡し、又は貸与することを含むもの」と定義しています。

ムソフト中古販売事件：最判平14年４月25日）。

▶翻訳権・翻案権　著作物は様々に形を変えることがあります。たとえば最初はライトノベルから始まった作品が、アニメ化され、さらには外国語に吹き替えられて世界中で配信されるかもしれません。また、有名作曲家が作曲した曲の中には、アレンジャーが編曲してから世に出るものも少なくありません。

著作権法は、著作物を翻訳し、編曲し、若しくは変形し、または脚色し、映画化し、その他翻案する行為を支分権の１つとしています。吹き替えのためにはアニメの台詞が翻訳されることになります。アニメ化は、脚色や映画化その他翻案に当たります。曲のアレンジは編曲に当たります。これらの行為は、元の著作物の創作的表現を残したまま、それに新たに別の創作的な表現を加える行為（前掲・江差追分事件）であり、このように創作された著作物を**二次的著作物**[12]といいます（著作権法２条１項11号）。

[12] 本書❸参照。

3　こだわりを守る権利：著作者人格権

著作者が著作物に対して抱く“こだわり”を守るために設けられているのが著作者人格権です。この権利は、次の３つの内容を含みます。

⑴　**公表権**　著作者には著作物を公表するかしないかを決めることができる**公表権**[13]があります。設例の場合ですが、昔書いたポエムは誰にもみせたことがなければ、著作者であるU君は未発表の著作物を公表しないままにしておくよう求めることができます。

[13] **公表権**
著作権法18条１項では、「著作者は、その著作物でまだ公表されていないもの（中略）を公衆に提供し、又は提示する権利を有する。」と定めています。

ただし、いったんは公表した著作物を引っ込めることはできません。日本代表がFIFAワールドカップに初登場した1998年、中田英寿選手の人気に便乗した『日本をフランスへ導いた男』という本が出版されました。ところがこの本には彼が中学校の卒業文集に載せた詩まで載せられていたのです。中田選手は本の出版をやめるよう求めたのですが、この学年文集は同学年の卒業生ら約300人に配布されたものであり、この詩は既に《公表された著作物》

コラム❹-2　画像のトリミングと同一性保持権

テレビ画面の縦横の比率（アスペクト比）は地上デジタル放送だと16：9ですが、アナログ放送の時代には4：3でした。さらに映画で良く用いられている規格は1.85：1（ビスタ）あるいは2.35：1（シネスコ）で、かなり横長になります。したがって映画をテレビに写そうとすると、上下に空白（黒い帯）を入れるか、もしくは一部を切り取る作業（トリミング）が不可欠になります。

伊丹十三監督が製作した映画『スウィートホーム』のビデオカセットテープが発売された際には販売会社によって加工が行われ、全体の約95%についてはトリミングが行われたため登場人物が欠けるなどし、残る約5%については劇場サイズそのままにされたもののアスペクト比の異なる画面が不規則に混在することとなりました。この映画を製作した伊丹十三監督は、著作者の意図とは異なる構図にされたことにより同一性保持権が侵害されたと訴えましたが、裁判所は、このビデオがテレビ放映された1990年の時点では何らかの形でトリミングを行うことが通常であって、著作権法20条2項4号にいう「著作物の性質並びにその利用の目的及び態様に照らしやむを得ないと認められる改変」であると判断しました（東京地判平７年7月31日）。

教科書に載せるために描かれたイラストを加工することが許されるのかが争われた裁判では、児童向けの教材という利用形態であることに照らせば、掲載箇所の紙幅を考慮してサイズを縮小したり、トリミングをして一部をカットしたり、元はカラーであったものを２色刷りに変更したりすることは同一性保持権の侵害には当たらないとして許容されています。ただし、元々は理科の学習ノートに掲載するために描かれた動植物の四季の変化を描いたイラストについて、これをポスターの大きさに拡大した上、シールを貼り付けられるように設けられていた十数カ所の円形の枠に別な画像を加えた行為については同一性保持権の侵害であると判断されました（東京地判平26年6月23日）。

であるから公表権の侵害には当たらないと判断されました。

(2) **氏名表示権**　著作者には著作者名を表示することを要求できる**氏名表示権**[14]があります。たとえば、あなたが小説を書いてブログに投稿したところ、誰かが名前を勝手に書き換えて小説投稿サイトにアップロードし、そちらの方が注目を浴びて話題になってしまったら、せっかくの苦労が報われません。このように、本来の著作者ではない人物が創作活動の成果をかっさらってしまうことのないよう用意されているのが氏名表示権です。

著作者名は本名である必要はなく、変名でも構いません。マンガ家のペンネームが変名の代表例ですが、SNSではIDやハンドルネームが著作者名として機能することもあります。

なお、著作者名を表示しない、ということも選択できます。インターネットの掲示板に投稿したのが誰であるかを伏せて匿名で投稿するような場合がこれに当たります。

(3) **同一性保持権**　たとえば皆さんがインタビューを受けて「ボクはサッカーが嫌いなわけではありません」と述べたとしましょう。ところが、この発言の後ろが削られて「ボクはサッカーが嫌い」という冒頭部分だけ使われてしまったら、逆の意味になってしまいます。このように、他人が著作物に対して勝手に変更や切除を施すことによって表現の意図がゆがめられてしまうことが起こらないようにするため、著作権法は著作者に対して**同一性保持権**[15]を付与しています[16]。

4　保護期間

著作権法による様々な保護が与えられる期間は、無限ではありません。本や自動車のような形のある財産（有体物）であれば、その物体が滅失するまで所有権は存続しますが、著作権や特許権については創作に寄与した人物の知的財産権を保護するのは一定期間にとどめ、その後は人類共通の財産として活用できるようにしているのです[17]。

著作物の保護は、著作物が創作された時点で自動的に発生します。権利を得るために特に何の手続も必要としません。この仕組みを**無方式主義**といいます（著作権法17条２項）。

著作財産権は、原則として著作者の死後70年を経過するまで存続します（著作権法51条）。ただ、著作権の存続期間については、いくつかの例外があります。**共同著作物**[18]のように著作者が複数いる場合、最後に死亡した人の死後70年を存続期間にします。匿名で発表される等して著作者がいつ死亡したのかわからないという場合には、著作物の公表時が起算点になります（著作権法52条１項但書）。また、**職務著作**[19]のように会社や学校といった団体の名義で発表される著作物もありますが、このような場合も公表時から70年が存続期間です（著作権法53条）。

著作財産権の存続期間は暦年主義が採られており、著作者の死亡日、あるいは著作物の公表日の「翌年１月１日」を起算日とします[20]。なお、著作者人格権は著作者が生きている間のみ存続します（**コラム ❹**－３参照）。

5　著作財産権や著作者人格権の侵害になるとどうなるのか

侵害者は、著作財産権侵害や著作者人格権侵害とされた具体的な行為

➾14　氏名表示権
著作権法19条１項では、「著作者は、その著作物の原作品に、又はその著作物の公衆への提供若しくは提示に際し、その実名若しくは変名を著作者名として表示し、又は著作者名を表示しないこととする権利を有する。」と定めています。

➾15　同一性保持権
著作権法20条１項は「著作者は、その著作物及びその題号の同一性を保持する権利を有し、その意に反してこれらの変更、切除その他の改変を受けないものとする」と定めています。

➾16　同一性保持権の例外
他人の著作物を利用するに際し、どうしても変更しなければならないこともあります。代表例が小学校の教科書です。小学生の低学年だと未だ習っていない漢字があるので、元は漢字で書かれていた文章を平仮名に置き換える必要が出てきますが、このような改変は例外として許容されます（著作権法20条２項４号）。

➾17　本書❶参照。

➾18　共同著作物
本書❸参照。

➾19　職務著作
本書⓱参照。

➾20　たとえば1989（平成元）年２月９日に亡くなった手塚治虫（本名：手塚治）の作品の場合、1990年１月１日から数えて70年となる2059年12月31日までが著作権の保護期間になります。

（例：アニメの無許諾アップロード）を今後行わないよう求められるとともに、そうした行為により作成されたものの削除や廃棄（例：無許諾でアップロードされたファイルの削除）を求める**差止請求**がなされます。

また、侵害者は、これまでに行われた著作財産権侵害や著作者人格権侵害とされた具体的な行為によって生じた損害の賠償を求められます（損害賠償請求）。既に起きた侵害行為を過去にさかのぼってやめさせせることはできませんので、過去の行為に対する対応はお金で解決しようというわけです[21]。

➡21　損害額の計算については、本書⓮を参照。

さらに、故意に著作権を侵害した者には、10年以下の懲役または1000万円以下の罰金またはその両方が科せられることがあります（著作権法119条1項）。故意に著作者人格権を侵害した者にも罰則があります。

6　説例について

説例の青春ポエムはU君が書いたものですから、著作者はU君ということになります。著作者は、著作財産権と著作者人格権の両方をもつことになります（❸参照）。

まず著作財産権の侵害についてですが、著作物であるポエムをまるごとネットにさらすということは、依拠や類似性の要件は当然満たされることになります。後はどの支分権の侵害になるかが問題です。ネットにさらす、ということは、ネット上に公開されたサーバに保存することで、ネット上の不特定の人間の求めに応じて自動的に送信できる状態にする行為といえますから、**送信可能化**（著作権法2条1項9号の5イ）に当たります。送信可能化は公衆送信権の対象となる行為ですので、U君の妹がしたことは公衆送信権の侵害となります。

次に、著作者人格権の侵害についてですが、U君のポエムはネットにさらされるまでは未公表だったといえます。U君の妹がしたことは、未公表の著作物をU君に無断で公衆に対して提示したことになりますから、公表権の侵害となります。

コラム❹-3　死後の著作者人格権の保護

著作者が生身の人間である著作物の著作者人格権は、著作者が生存している間のみ存続します。しかし、著作者の死後に、生前は未公表だった著作物が公表されたり、著作物の氏名表示が改ざんされたり、著作物が改変されたりといったことを止める手立てが何もないとすれば、著作者は安心して亡くなることができません。

そこで、一定の範囲の遺族や遺言で指定された者は、著作者の死後に、生存中であれば著作者人格権の侵害となる行為がされた場合、それを止めることができます（著作権法60条、116条）。

この「一定の範囲の遺族」というのは、「配偶者、子、父母、孫、祖父母又は兄弟姉妹」とされており、しかもこの順序で請求ができるとされています。ですから、たとえば、亡くなった著作者の配偶者が存命の間は配偶者だけが請求できることになり、残りの遺族は請求することができません。もっとも、この順序は遺言で変更することができます。列挙された遺族がすべて亡くなれば、この請求をできる者はいなくなります。その時点で事実上、死後の著作者人格権の保護は終わります。

また、著作者が列挙された遺族以外の者を遺言で指定した場合は、指定された者だけが請求できます。ただし、この場合において請求ができるのは、著作者が死亡した日の翌年の元日から70年が経過する日までとなります。こうすることで、遺言で極端に若い者を指定したり、法人（例：著作権を管理する会社や財団法人）を指定したりして死後の著作者人格権の保護の期間がむやみに引き延ばされないようにしているのです。

死後の著作者人格権の保護が問題となった裁判例として、観音像を作製した仏師（ぶっし）の死後に、寺が像の頭部を無断で交換したことの是非が問われたものがあります。判決は、頭部の交換が生前であれば同一性保持権の侵害に当たるなどとし、寺に対し頭部が交換された経緯説明などの新聞広告をすることを命じました（知財高判平22年3月25日）。

5 著作隣接権って何？

設例 ピアノが趣味のＡさん。先日も、駅に置かれていたストリートピアノを奏でてきました。ところが、その様子を撮影していた人が動画サイトに投稿して、人気急上昇になっているではありませんか！　演奏の合間に「撮っても良いですか？」と聞かれて「どうぞ」とは答えましたけれど、こんなことになるとは思ってもいませんでした。今さらだけど、どうにかならないでしょうか？

1　著作隣接権の意義

素晴らしい歌詞や曲があっても、それが演奏され、さらにその演奏が音楽配信などで世に出回らなければ、誰もが十分に音楽を楽しめません。ところが、著作物に当たるのは歌詞や曲だけであり、「演奏そのもの」や「演奏をレコーディングしたもの（いわゆる原盤）」は著作物ではないとされます。だからといって、著作物を世の中へ伝える役割を担う者に何も権利がないのでは、著作物が十分行き渡りません。

そこで著作権法は、①**実演家**[1]、②**レコード**[2]**製作者**[3]、③**放送・有線放送事業者**[4]の三者に対して、著作権とは別の権利を設けています。これらをまとめて**著作隣接権**といいます。

著作隣接権の保護期間は、次のように定められています。①実演家の権利は実演が行われた時点で発生し、実演家人格権は実演家が生存している間、実演家の財産的な権利は実演が行われた時点の翌年の元日から70年が経過する日まで存続します（著作権法101条、101条の２）。②レコード製作者の権利は音が最初に固定された時点で発生し、レコードが発行された時点の翌年の元日から70年が経過する日のいずれか遅い方まで存続します。③放送事業者等の権利は、放送・有線放送がされた時点で発生し、放送・有線放送の時点の翌年から起算して50年が経過する日まで存続します（著作権法101条）。

2　著作隣接権の種類

(1)　**実演家の権利**　　実演家の権利には、財産的な権利と、人格的な権利（実演家人格権）の２つのタイプがあります。

▶**実演家の財産的な権利**　　実演家の財産的な権利には、**実演**[5]の録音・録画権、実演の放送・有線放送権、送信可能化権、譲渡権、貸与権などがあります[6]。

なお、映像作品に録音録画された実演について、映像作品の状態での複製などには実演家の権利は及びません（著作権法92条の２第２項）。つまり、映画を例にすると、出演する際に自分の実演を録画することを認めたのであれ

⇒１　**実演家**
実演家とは「俳優、舞踊家、演奏家、歌手その他実演を行う者及び実演を指揮し、又は演出する者」をいいます（著作権法２条１項４号）。

⇒２　**レコード**
著作権法では「レコード」を「蓄音機用音盤、録音テープその他の物に音を固定したもの」と定義しています（著作権法２条１項５号）。一般的に「レコード」といえば黒くて丸い円盤を想起されると思いますが、著作権法では音が固定された物をすべて「レコード」といいます。ですから、ライブをスマートフォンで録音した電子ファイルも法律上は「レコード」になります。

⇒３　**レコード製作者**
「レコードに固定されている音を最初に固定した者」をいいます（著作権法２条１項６号）。

⇒４　**放送・有線放送事業者**
著作権法で「放送」は一対多の一斉の無線送信を指し、有線のものは「有線放送」と書き分けています（著作権法２条１項８号、９号の２）。以下では、両者をまとめて「放送事業者等」ということにします。

⇒５　**実　演**
「著作物を、演劇的に演じ、舞い、演奏し、歌い、口演し、朗詠し、又はその他の方法により演ずること」をいいます（著作権法２条１項３号）。

⇒６　これらのほか、映像作品に録画された実演が放送・有線放送された場合の報酬請求権、実演が録音された商業用レコード（送信可能化されたレコードを含む）を用いて放送・有線放送を行った放送事業者等に対する二次使用料請求権（著作権法95条）があります。

ば、映画をDVDとして販売することをやめさせることはできなくなります。実演家の権利を行使できるのは一度きりであることから**ワンチャンス主義**と呼ばれています。ただし、映像作品から作られた録音物（例：サウンドトラック）には実演家の権利が働きます（92条の2第2項括弧書）[7]。

したがって、設例のストリートピアノでのAさんの演奏は実演に当たりますから、実演家であるAさんは演奏の様子を録画したり動画投稿サイトにアップロードしたりしないよう求めることができます。

▶実演家人格権　実演には実演家の個性が強く顕れることから、実演家人格権が与えられています。なお、**著作者人格権**[8]と異なり、実演家人格権には、公表権がありません。これは、実演は公表を前提とするためです。また、氏名表示権と同一性保持権の範囲は著作者人格権のものよりも狭くなります。たとえば、実演家人格権の同一性保持権は、実演が改変されることで実演家の名誉声望が害される場合にのみ侵害となります。

(2)　レコード製作者の権利　レコード製作者には財産的な権利のみが認められています。レコード製作者は、実際に録音をするレコーディング・エンジニアではなく、レコード**制作**[9]の費用を負担する者と理解されています。ですから、財産的な利益を認めれば十分です。レコード製作者の権利には、レコードの複製権、送信可能化権、譲渡権、貸与権などがあります[10]。

(3)　放送事業者等の権利　放送事業者等に認められているのは、レコード製作者と同様に財産的な権利だけです。放送事業者等は、テレビ局やラジオ局、ケーブルテレビ会社のような組織であることが多いため、放送・有線放送される内容に特定の人間の個性が顕れる程度は低く、財産的な権利を認めれば十分だからです。放送・有線放送事業者の権利には、放送・有線放送の複製権、放送・有線放送権、再放送・再有線放送権、送信可能化権、テレビ放送・テレビ有線放送の公衆伝達権があります。

➾7　さらに、実演の録画物を使ったリピート放送やネット放送をする者、実演の放送を受信して同時に有線放送をする者に対する報酬請求権（94条2項、94条の2）があります。

➾8　本書❹参照。

➾9　**制作と製作**
著作権法上、「制作」は作業を行う者の物理的な行為を、「製作」は制作に伴う金銭的なリスクを負う者の行為を指す語として、それぞれ理解されています。

➾10　これらのほか、送信可能化されたレコードを含む商業用レコードを用いて放送・有線放送を行った放送事業者等に対する二次使用料請求権（著作権法97条）があります。

コラム❺-1　カラオケ動画のアップロード

動画投稿サイトへの投稿作品には「歌ってみた」というジャンルがありますが、これは著作隣接権との関係で問題となりやすいところです。

YouTubeなどの主な動画共有サービスは、JASRACやNexToneなどの音楽著作権管理団体と包括的な利用許諾契約を結んでいます。そのため、これらの団体の管理楽曲を自分で演奏したものだけが含まれる動画であれば、問題はありません（ただし、広告目的の場合等には改めて許諾が必要になります）。

一方、カラオケ動画を投稿するには注意が必要です。カラオケ伴奏の音源は、著作権法上の「レコード」に当たるため、伴奏が入った動画の投稿は、楽曲（音楽の著作物）の送信可能化とレコードの送信可能化の両方に当たります。しかし、レコード製作者の権利については権利者と動画投稿サービスとの包括的な利用許諾契約がないので、個別にレコード製作者の許諾が必要となります。

コラム❺-2　ワンチャンス主義の実際

録音権・録画権については、製作開始の時点で実演家が録音・録画について了解すれば、以後その実演を利用することについて権利は及ばないとするのが著作権法の建前です。しかし実務では、実演家が映像作品に出演する際、映画会社やテレビ局などと締結する契約において、出演した作品をDVD等にして発売したりオンデマンド配信を行ったりする行為を「二次使用」と位置づけ、映画会社やテレビ局などが二次使用を行う場合には実演家に対して報酬を支払うよう定めることが行われています。ですから、たとえば、テレビのバラエティ番組がDVD化されたりオンデマンド配信されたりした際には、出演した芸能人は、ワンチャンス主義にかかわらず、出演契約の条項により報酬を得られるケースがほとんどです。

18歳からはじめる知的財産法

6 こんな使い方をしても大丈夫？

▶ 著作権の制限

設例 オーケストラ部に所属するAさんたちは、地域の「子ども食堂」の運営に協力するため、クラウドファンディングで資金を集めることにしました。返礼として寄付者だけを招待するコンサートを計画しており、すぎやまこういち作曲の「交響組曲『ドラゴンクエストⅢ』そして伝説へ…」を演奏する予定です。入場料は徴収しないので、許諾を得なくても大丈夫ですよね？

1 制限規定の役割

著作権法では、著作者は**著作財産権**[1]をもつとされています。著作財産権は複数の権利（支分権）で成り立っており、それぞれ対象となる行為が定められています。たとえば、HDDレコーダーでテレビ番組を録画する行為は〈複製権〉の対象となりますし、J-POPを楽器で演奏して動画共有サイトに投稿する行為は〈公衆送信権〉の対象となります。

ところが、これらの支分権の対象となる行為がすべて著作権侵害とされてしまうと困ったことが起こります。著作権者から許諾が得られなければ、テレビ番組を録画したり、楽器演奏の動画を公開したりすることができなくなってしまうのです。これでは**文化的所産**[2]である著作物が活用されなくなり、社会全体としてみればかえって不利益が生じてしまいます。

そこで著作権法は、著作者の権利を広く認めた上で、著作者の権利が及ばない場面を事細かに定めることにより、著作者と利用者との利害の調整を図ることにしました[3]。

2 制限規定の種類

著作物を利用する側の立場からみたとき、著作権者から文句をいわれたとしても「この利用については、あなたの許諾は要らないはずですよね？」と言い返せるのはどのような時であるかを知っておくことが紛争回避のために必要です。ところが著作権の制限に関する規定は、著作権法の30条から50条までと大量にあります。ここでは、その中でも特に重要な**「私的複製」「引用」「非営利上演等」**の３つを押さえておきましょう。

(1) **私的使用のための複製**　まずは利用頻度が高い**私的使用のための複製**についてです。著作権法30条によれば、「個人的に」または「家庭内」で使用することを目的として「使用する者自身が」複製する場合には、著作権者の許諾は必要なくなります。

たとえば、問題集に直接書き込まなくて済むようにコピーを取る行為は〈複製権〉の対象ですので、著作者の許諾が必要となりそうです。しかし、

---

1 本書❹参照。

2 文化的所産
著作権法の１条では、「文化的所産の公正な利用に留意しつつ、著作者等の権利の保護を図り、もつて文化の発展に寄与すること」がこの法律の目的であると謳っています。

3 著作者人格権との関係
なお、著作権法50条では、著作権の制限に関する規定が「著作者人格権に影響を及ぼすものと解釈してはならない」ことを確認しています。つまり、著作権（著作財産権）が制限される場合であっても、著作者人格権までも制限されるわけではありません。

自分で使うために自分で問題集をコピーすることは、私的使用のための複製（**私的複製**）に該当するので、著作者の許諾は要りません[4]。

そうなると今度は、「個人的」「家庭内」という条件がどこまで広げられるのかという点が問題になります。たとえば、雑誌や新聞の記事をコピーして会社の会議で配布する行為はどうでしょう？　裁判例では、会社内での内部利用は私的使用に該当しないと示されており（舞台装置設計図事件：東京地判昭52年7月22日）、原則として著作権者の許諾が必要です[5]。

また、複製されたものを使うのが自分だけの場合でも、「使用する者」でない者が複製した場合は私的複製にはなりません。そのため、自分の紙の本をタブレット端末などで読むため、紙の本をスキャナーで複製する作業を代行業者に頼んだ場合、業者が行う複製は私的複製に当たらず、著作権の侵害となります（自炊代行事件：知財高判平26年10月22日）。

なお、これまでに挙げた条件を満たしていても、私的複製に当たらない場合があります。

磁気テープに録画するビデオデッキでダビングすると画質が劣化しますが、HDDレコーダーからDVDへのダビングはデジタルのまま処理されますから劣化が起こりません。しかし、それではテレビ放映された映画を大量に複製して売ることもできてしまうので、映像を販売して利益を得たい著作権者にとっては打撃です。そのためデジタル放送の録画機器にはコピーガードがかけられており、複製できる枚数を制限する「ダビング10」や、録画ディスクからさらにコピーできないようにする「CPRM[6]」といった仕組みで権利保護を図っています。このような**技術的保護手段**を回避して著作物を複製する行為（リッピング）は私的複製に当たりません（著作権法30条1項2号）。

また、インターネット上に無許諾でアップロードされている映画や音楽、漫画などの侵害コンテンツをダウンロードすると、自分の端末にそれが複製されます。侵害コンテンツであることを知りながら行うダウンロード（複製）は私的複製に当たらない（著作権法30条1項3号、4号）ので違法となります。

➾4　私的複製
不特定または特定多数の人が使うことを前提に置かれている機械を使った複製は、私的複製の対象から外れるとされています（30条1項1号）。そのような機械を使えば大量の複製物が短時間に作られるため、権利者に与える不利益が大きいと判断されたのです。ただし、文書や図画のみを複製することができる機械（例：コピー機）を使った場合は、当分の間、私的複製の対象となるとされています（著作権法附則5条の2）。したがって、コンビニに置かれているコピー機を使っても、私的複製をすることができます。

➾5　複製の許諾
著作物を複製するには原則として著作権者の許諾が必要になります。しかし、コピーが1枚欲しいだけなのに、著作権者が誰かを探し出し、電話をかけたり郵便を送ったりして連絡をとり、返事が返ってくるのを待っていたのでは時間もコストもかかってしまい不経済です。そこで、許諾手続を簡素化するために「JRRC日本複製権センター」のような著作権管理団体が設立されています。たとえば、本書の奥付（本の後ろにある執筆者紹介が載っているページ）を見てください。「JCOPY出版社著作権管理機構」についての言及がありますが、これは複写にかかる手続を著作権管理団体に委ねていることを示しています。

➾6　CPRM
Content Protection for Recordable Mediaの略。

コラム❻-1　リーチサイト（Leech site）

インターネット上の所在地を表すURL（たとえばhttps://www.hou-bun.com/）は情報がどこにあるかを指し示しているだけで、リンクを張っただけでは情報の複製は行われません。したがって、リンクを張る行為は原則として著作権法上の問題にはならず、接続先の許可も不要です。

ところが、インターネット上には著作権を侵害する違法なコンテンツが多数アップロードされているという実態があります。そこには、本来であればカネを払わなければいけないものがタダでみられるなら…と、閲覧者が群がります。インターネットには「アフィリエイト」というビジネスモデルがあって閲覧者に広告をみせる等すれば収入が得られるという仕組みがあるため、とにかく閲覧者を集めることができれば紹介サイトは儲けることができてしまうわけです。このような侵害コンテンツのリンク情報を収集したサイトは、まるで蛭（ヒル）が人を食い物にしているようだ、ということでリーチサイトと呼ばれています。「リーチ」の綴りはreachではなく、蛭を意味するleechです。

リーチサイトによる被害が深刻だったのはマンガでした。発売されたばかりの雑誌や単行本がスキャナーで取り込まれて日本国外のサーバーに配置される、という行為が行われていたのです。その代表格とされた『はるか夢の址』の運営者を相手取って出版社が訴えた民事訴訟では、1億6558万円の損害賠償を支払うよう命じられています（大阪地判令1年11月18日）。

もっとも『はるか夢の址』の場合、運営者自らが違法なファイルのアップロードもしていたから責任を問うことができました。もし、もっと巧妙に、運営者は検索システムを提供してURLを伝えるだけにして、あとはユーザーがめいめいに侵害コンテンツをアップロードするようになっていれば従来の著作権法では対処できません。そこで2020年の著作権法改正によりリーチサイトそのものが規制されるようになりました。

➡7 **リーチサイト** コラム❻-1参照。

➡8 本書❹参照。

➡9 本書❹参照。

さらに、侵害コンテンツに誘導する**リーチサイト**[7]の運営などは著作権侵害とみなされます（著作権法113条2項・3項）。

⑵ **引 用**　著作権法32条1項は、「公表された著作物は、引用して利用することができる。この場合において、その引用は、公正な慣行に合致するものであり、かつ、報道、批評、研究その他の引用の目的上正当な範囲内で行なわれるものでなければならない。」と定めています。引用に関するルールを知らずにいると盗作（パクリ）の疑いが生じますから、レポートや卒業論文を書く時には絶対に踏まえておきたいところです。

まず、よくある誤解を正しておきましょう。インターネットのウェブサイトに「無断引用禁止」と書かれていることがあります。ウェブサイトの多くは著作物に当たりますので、著作権者に無断で他人のウェブサイトをコピーすると**複製権**[8]侵害になるのですが、この注意書きの「引用」という用語の使い方は正確ではありません。なぜなら、著作権法32条には「引用して利用することができる」とありますから、著作権法上は「引用」に当たれば、誰もがその著作物を自由に利用できるとされており、著作権者がその「引用」を禁止することは認められません。ですから、本来は「無断転載禁止」とでも書くべきなのです。

著作権法上の**「引用」**に当たるための要件は、著作権法32条の後半部分で「引用は、公正な慣行に合致するものであり、かつ〈…〉引用の目的上正当な範囲内で行われるものでなければならない」と抽象的な文言で定められています。裁判実務では、最高裁判決（パロディ・モンタージュ事件：最判昭55年3月28日）が著作権法上の「引用」の要件として示した以下の具体的なことがらが「引用」の要件として運用されてきました。

まず、①自分が創作した部分と引用部分とが区別できること（**明瞭区別性**）が求められます。引用部分を「　」でくくる等することが必要です。

次いで、②量的・質的にみて引用部分が従であるかどうか（**主従関係**）が問われます。小学生に読書感想文を書いてもらうと、課題図書の内容をひたすら書き写していき、最後に「おもしろかったです。」と一言だけ書き添えて終わらせるということが起こります。この感想文の大部分は課題図書の作者が書いたもの、ということになりますから、この場合にまで引用を認めると、単に課題図書を書き写すことまでが自由になってしまいます。ですから、新たに創作されたものが価値の中心であるかどうかが問われます。

なお、これらの要件を満たし「引用」に該当する場合であっても、さらに、引用した著作物の**出所を明示**することが必要とされます（著作権法48条1項1号）。たとえば、読書感想文で「私は“ふんぐるぃ　むぐるぅなふ　くとぅるぅ　るるいぇ　うがふなぐる　ふたぐん”という一節に魅入られました。」のように書く場合、誰のどの本からの引用かを示す必要があります（先ほどの一節は、ラヴクラフト著『クトゥルーの呼び声』（訳：森瀬繚）からの引用です）。

ですから、卒業研究やレポートを作成するに際しては、出典を明確にした上で、どの部分が先行著作物からの引用であるかがわかるようにしておく必要がありますし、あくまで自分が新たに加えた部分がメインになるようにする必要があります。

⑶ **営利を目的としない上演等**　不特定または特定多数の人に向けて演奏や上演などをするには、原則として著作権者の許諾が必要です[9]。ただ、

非営利で観客から料金を取らず、ギャラが支払われる演者がいるわけでもない場合にまで許諾を必要とすると、学校祭でのライブ演奏や劇の上演、町内会のカラオケ大会のような草の根の文化活動の妨げとなります。そこで、①非営利で行われ、②聴衆や観衆から料金を受けず、③演者に報酬が支払われない場合には、公開された著作物を自由に演奏・上演できることにしています（**非営利上演等**[10]：著作権法38条１項）。

設例のコンサートは、営利目的ではなく、サークルのメンバーで演奏するのでギャラは支払われていません。ただ、招待制で入場料は徴収しないものの、クラウドファンディングへの寄付金は「料金」と理解されます[11]。そのため、設例のようなコンサートを開催するには著作権者の許諾が必要です。

なお、著作権法38条３項は、営利目的であっても「通常の家庭用受信装置」を用いて「放送されている」著作物を公に上映することは許容しています。ですから、食堂の隅に置かれたテレビで現在放送中の番組が流れている、というような使われ方は問題になりません。しかし、プロジェクターを設置して大画面にしたり、録画してあったサッカーの名勝負を流したり、という使い方は権利者の許諾が必要になります。

また、著作権法38条４項の定めにより、「非営利目的」かつ「料金を受けない」場合であれば、不特定または特定多数の人に対して著作物を自由に貸し出すことができます（ただし、DVDなど「映画の著作物の複製物」については除きます）。これにより、地域の**公立図書館**[12]などは蔵書を来館者に貸し出すことができます。

なお、DVDなども来館者に貸し出している図書館がありますが、これは著作権法38条５項によるものです。38条５項は、図書館法２条にいう図書館（学校図書館は除く）は、非営利目的でかつ料金を受けなければ、映画の著作物を不特定または特定多数の人に貸し出すことができるとしているのです[13]。

10　非営利上演等
著作権法38条１項では「公表された著作物は、営利を目的とせず、かつ、聴衆又は観衆から料金〈…〉を受けない場合には、公に上演し、演奏し、上映し、又は口述することができる。ただし、当該上演、演奏、上映又は口述について実演家又は口述を行う者に対し報酬が支払われる場合は、この限りでない。」と定めています。

11　著作権法38条１項の「料金」
非営利のチャリティ目的であり、入場無料で開催されるライブで、演者がノーギャラである場合であったとしても、会場に募金箱を置いたり寄付を募ったりした場合、寄付金は「料金」と理解されるため、著作権法38条１項の対象外とされます。

12　公立図書館は、図書館法という法律で図書館資料の利用の対価を徴収できないことになっています（図書館法17条）。

13　ただし、５項の定めにより貸出をした場合は、映画の著作物の著作権者に補償金の支払が必要です。実際には、図書館向けのDVDの値段に上乗せされて補償金が支払われています。

コラム❻-2　その他の権利制限規定

(4)　試験や教育での利用（著作権法33条～36条）

ある小説を使った問題を入試で出題しようとする場合、事前に著作権者の許諾を取る必要があることにすると何が出題されるかバレてしまいます。加えて、教育機関においては、授業などに必要な限度での教材等の複製や公衆送信が認められています（法35条）。ただし、公衆送信については相当な額の補償金を、授業目的公衆送信補償金等管理協会（SARTRAS）に支払う必要があります。

(5)　障害者のための複製（著作権法33条の3、37条、37条の2）

視覚障害のうち弱視である人は、文字を大きく拡大してあれば読めることがあります。全盲の人でも点字になっていれば文章を読めるでしょう。あるいは、文章を誰かに読み上げてもらう「音訳」を録音しておけば情報に接することができます。聴覚障害者も字幕が付いていれば映像に接することができます。このような障害者福祉のための利用を認めようとするものです。

(6)　図書館における複製（著作権法31条）

出版物は時間が経つと店頭から消えていきます。そこで、図書館に蓄えられている情報に接したい人のために、資料を複製することが認められています。

(7)　デジタル技術への対応（著作権法47条の4以下）

インターネットで動画を閲覧する場合、送られてきた情報は「キャッシュ」という形で一時的に保存されます。あるいは、GoogleやYahoo!のような検索サービスは、世の中のウェブサイトをくまなくクロール（収集）しておき、ユーザーの求めに応じてすぐに結果を提示できるよう情報を事前に整理して蓄えています。これらも著作権法に照らせば〈複製〉に当たりますが、情報処理を円滑に行うための利用は問題としない扱いがされています。

18歳からはじめる知的財産法

7 発明に成功したら、どんないいことがあるの？

▶ 特許法〈1〉特許制度の概要

設例 Aさんの姉のBさんは、文房具メーカーPで製品開発を担当しています。Bさんは上司から「書いた文字を消せるボールペン」のためのインクの開発を命じられました。Bさんは、文字をこすれば摩擦熱で表面の温度が上がることに着目し、ある温度以上で色が透明になった後、常温に戻っても色が戻らないインクであれば、書いた文字を消せるボールペンに使えると考えました。そこでBさんらは、60℃になると透明になり、零下30℃まで冷えなければ色が戻らない性質をもつ従来にない物質を開発しました。

P社は、この物質を使って「書いた文字を消せるボールペン」を発売すれば大ヒット間違いなしと考えています。ただ、心配事があります。ライバルの企業から模倣品が安く販売されてしまえば、せっかくの新商品を従来品のように安売りしなければならず、開発に使った費用を回収できなくなるかもしれません。模倣品を防ぐためにP社はどんな対策ができるでしょうか。

1 特許制度とは？

技術的な課題を解決するためには、費用と時間をかけて技術開発をする必要があります。もし、この技術開発の成果に「ただ乗り」し放題ということになると、上手くいくかどうかわからない技術開発に挑戦するよりも、成功した他人の技術開発の成果に「ただ乗り」しようとする人が後を絶たなくなってしまいます。すなわち、技術開発の失敗のリスクを取らずに、成功したときの「おいしいところ」だけを奪い去る「負けないギャンブル」が可能になるのです。そうすると、費用と時間をかけて技術開発をしようとする人が減り、技術開発が進まなくなります。また、「ただ乗り」をされないように、隠せる技術的成果は隠そうとする人が増えれば、世の中に公開される技術が減り、それを参考にした新たな技術開発ができなくなります。

設例でいえば、もし文房具メーカーPが「書いた文字を消せるボールペン」の模倣品の発売を阻止できなければ、P社は新製品の開発をしなくなるかもしれません。そうなれば、世の中にはありふれた製品を何の改良もせずに売る会社ばかりが残り、これまでの文房具の欠点を解決した製品や斬新な新製品が発売されなくなってしまうでしょう。

そこで、既存のものからは簡単に到達できない**発明**をした者のうち、最も早く**特許出願**という手続をして発明を公開した者に対し、一定期間、他人による発明の利用を禁止する権利である特許権を定める特許制度があります。

設例でいえば、P社はBさんらが開発したインクについて、特許権を得るという模倣品対策があります。P社がこのインクの特許権を得ることができれば、書いた文字を消せるボールペンに必要なこのインクをP社に無断で生産したり販売したりすると特許権侵害になるため、このインクを使った「書いた文字を消せるボールペン」の模倣品の販売を阻止できます。

2　特許権とは？

「特許権」という言葉は、いまや世の中で広く知られた言葉といえるでしょう。ただ、この特許権について、一般にもたれているイメージと実際の「特許権」の性質とは、必ずしも一致しないことが少なくありません。よくあるのが、「特許権とは、世の中で最初に発明した製品を国に届け出ることで、その製品を独占的に生産することを国が保証するもの」であるとか、「自分の発明を自ら使用することについての国からの保証」であるといった類いの理解です。しかし、これらの理解はいずれも完全に間違いです。

特許権がある、というだけでは、実は特許権をもつ者が何かしらの行為を安心してすることが保証されるわけではありません。すなわち、自分が発明した製品を自分が生産するときに、誰からも邪魔されずに済むということは、その発明の特許権では保証されません。なぜかというと、自分がもっている特許権の対象となる製品が、他人の特許権を侵害する場合には、自分が発明した製品といえども生産することは許されないからです（特許法72条）。

イメージしやすくするために、具体的な例で説明してみましょう。既に権利は切れているのですが[1]、かつて「折りたたみ式の三角定規」についての特許権が存在していました（特許4691622号）[2]。この「折りたたみ式の三角定規」の特許権者が、バージョンを変えて“分度器付き”の「折りたたみ式三角定規」を生産することはできるのでしょうか。分度器付きであっても、「折りたたみ式の三角定規」であることに変わりはありません。したがって、仮に、この特許権があることで「折りたたみ式の三角定規」を自分で生産することが保証されるのであれば、“分度器付き”の「折りたたみ式三角定規」であっても、誰にも邪魔されずに生産できるはずです。

しかし、“分度器付き三角定規”には**実用新案権**[3]が存在していました（実用新案登録2591114号）[4]。先の例の“分度器付き”折りたたみ式三角定規は、折り

➡1　特許権は、特許出願の日から原則として最長20年まで存続させることができます。また、特許権を維持するための手数料（特許料）が支払われなかったときは、その時点で特許権は消滅します（本書❼6を参照）。この特許権は出願から20年が経過する前に、特許料の支払いが停止され消滅しました。

➡2　特許4691622号

➡3　**実用新案権**
実用新案権は、特許権の保護対象よりも簡単な小発明である「考案」を保護するための制度です。実用新案権は、特許権と同じく出願は必要であるものの、審査なしで権利（最長で出願から10年）が発生するところに特徴があります。実用新案権侵害を理由に差止めや損害賠償を求める前に、特許庁の審査官が作成する「技術評価書」を示して警告しなければならないものの、権利自体は早い段階で発生しますので、流行廃りの早い製品の技術の保護に向きます。なお、この設例では、特許権と同様に考えて構いません。

➡4　実用新案登録2591114号

コラム❼-1　特許ライセンス

特許法には、ライセンスの仕方について２つのタイプが規定されています。

１つ目のタイプは**通常実施権**といいます（特許法78条）。通常実施権は、単に特許権者から差止請求や損害賠償請求を受けない権利にすぎません。ですから、通常実施権を持つ者が特許権を侵害する行為をみつけても、自分でそれを止めさせることはできません。

もう１つのタイプは**専用実施権**です（特許法77条）。専用実施権は、特許権者から差止請求や損害賠償請求を受けないだけでなく、自分以外の者にその特許権の技術的範囲に属する行為をさせない権利ですので、特許権を侵害する行為に対して（たとえ、それが特許権者であっても）自分でそれをやめさせたり、侵害行為による損害の賠償を請求したりすることができます。

通常実施権は、特許権者と通常実施権の許諾の契約をしさえすれば発生します。一方、専用実施権は、特許権者と専用実施権の設定の契約をした上で、**専用実施権の設定登録**を特許庁に対してしなければ発生しません（特許法98条）。これは、専用実施権によって、特許権を侵害する行為を専用実施権の侵害行為として差し止めたり損害賠償を請求したりできるため、登録させることで専用実施権の存在を誰もがわかるようにしておく必要があることによります。

実務では、通常実施権が多く利用されます。通常実施権は契約を締結すれば発生するため、ライセンスの存在が第三者に伝わることはありません。

対して、専用実施権の発生にはライセンスの相手方や範囲を指定した設定登録が必要であり、登録後にライセンスの相手方や範囲が公開されます。そうなれば、ライバル企業に自社の権利のライセンスの状況が伝わってしまいますので、競争上、不利になるおそれがあるため、実務ではあまり好まれないのです。

図❼－1

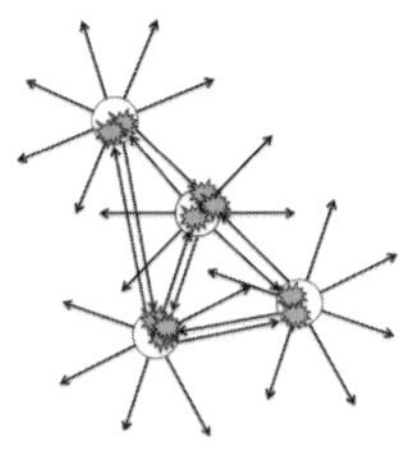

たたみ式であっても、"分度器付き三角定規"であることに変わりはありません。したがって、"分度器付き"折りたたみ式三角定規をこの実用新案権の権利者に無断で生産すれば、この実用新案権の侵害に当たります。

また、逆にこの実用新案権の権利者が、「折りたたみ式の」"分度器付き三角定規"を生産することもまたできません。「折りたたみ式の三角定規」であることに変わりはないからです。

図❼－2

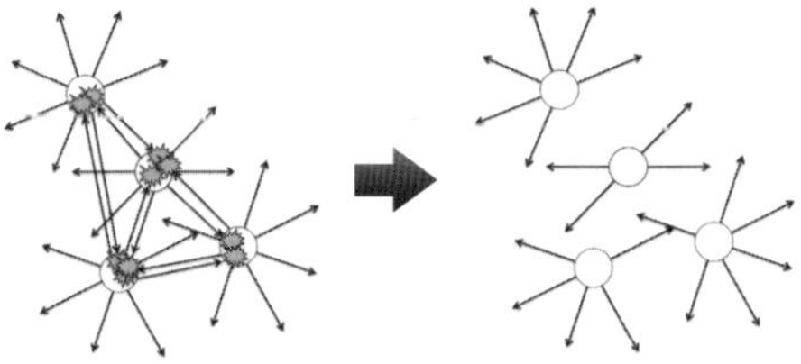

このように、互いに侵害し合う関係にあるものについては、互いに相手の行為をやめさせることしかできず、いわば「両すくみ」の状態となるだけです（図❼－1）。特許権があるというだけでは、積極的に自分の発明の対象となるものを生産することは保証されません。この状態を解決するためには、これらの権利者同士が話し合って、一方が相手の権利を買い取るというやり方があります。あるいは、互いに相手に対して**差止請求権**[5]を行使しないよう約束をする（すなわち契約をする）解決策もあります（図❼－2）。この解決策が、いわゆる**ライセンス**（**コラム❼－1**を参照）と呼ばれるものです。

➾5 **差止請求権**
今後、ある行為（この例でいえば、問題となった侵害行為）をしないよう求める権利のことです。

3　方式主義

特許権を得るためには、発明をした、というだけでは不十分です。「特許出願」という手続をして、特許権の対象となるための条件（特許要件。本書❽1を参照）を満たすかどうかの審査を通過した発明にだけ、特許権が成立します。このように、発明をしたというだけでは権利が発生せず、手続をして初めて権利が発生するやり方を**方式主義**といいます。

一方で、著作物に関する権利である著作権は、何も手続をしなくても、著作物が創作された時点で権利が発生します。このやり方を**無方式主義**といいます。

特許権が「方式主義」で、著作権は「無方式主義」であることには理由があります。特許権の対象となる「発明」は「自然法則を利用した技術的思想の創作のうち高度のもの」（特許法2条1項）ですので、開発に取り組んだ人がどんな人であっても、技術的に優れたものを追求すればするほど、自ずとある一定の似通った構成に落ち着きます。

一方、著作権の対象となる「著作物」は、思想または感情の創作的表現であって文芸、学術、美術または音楽の範囲[6]に属するもの（著作権法2条1項1号）、ですので、創作的に表現されたもの、言い換えれば、誰が表現しても同じにならないものであることが要件となります。そうすると、著作物を様々な人が創作すれば、その人の数のぶんだけ多様な表現が生じることになります。つまり、著作物が創作されるほどバリエーションは豊かになります。この点で、著作物は発明とはまったく逆の性質をもつといえます。

➾6 細かくこれらのどれかに当てはまるかどうかを考える必要は無く、まとめて「文化の範囲」として理解されています。詳しくは本書❷参照。

発明のように開発を進めれば進めるほど似通った構成に落ち着くものにつ

いて、それらのすべてに特許権を生じさせると、事実上同じ発明に多くの特許権が生じることになり、必要以上に禁止権が生じてしまいます。また、その技術課題を解決する発明が完成した後に、別の人がまったく同じ課題に取り組んでも技術的に新しいものはできませんから、むしろ２番目以降の人には別の技術課題の解決に取り組んでもらった方が、技術開発の能力のある人の労力が無駄にならずに済みます。

そこで特許法は、特許要件を満たす発明をした人のうち１番先に**特許出願**をした人にだけ特許権を与えることにし、２番目以降の人には特許権を与えないことにしました。また、特許出願された発明は公開されることとなっており（**出願公開**[7]）、これにより、出願公開された発明と同じものを開発している者に対し、違う技術課題に取り組むよう促しています。

４　特許を受ける権利

特許出願をして特許権を得られるのは「発明をした者」、すなわち**発明者**とされています（特許法29条１項柱書）。発明者となるためには、その発明の具体的な構成を完成させた者であることが必要とされています。ですから、単に抽象的なアイデアを提供しただけの者や、開発資金を提供しただけの者、データを提供しただけの者は発明者となりません。

発明者が特許出願をして特許権を得られる地位を、「**特許を受ける権利**」[8]といいます。特許を受ける権利は、発明が完成した時点で発生するとされており、他人に譲渡することができます（本書⓱を参照）。また、特許を受ける権利は永続します。ですから、特許を受ける権利をもつ人は、好きなタイミングで特許出願をすることもできますし、出願せずに発明の内容を隠しておけば**営業秘密**とすることもできます（次項および本書❿を参照）。

➾７　**出願公開**
特許出願された発明は、出願から１年６カ月後に自動的に公開されます（特許法64条）。出願公開には、特許出願された発明を公開することで、その発明を利用した技術開発や、公開された発明と重複しない技術開発を促す役割があります。

➾８　**特許を受ける権利**
「出願権」と呼ばれることもあります。この本では「特許を受ける権利」と呼ぶことにします。

５　特許権が発生するまでの流れ

特許権が発生するまでの流れを次頁の図に示しました。

コラム❼-2　医薬特許の存続期間

医薬品は、他の工業製品とは異なり、市場で販売するためには「医薬品、医療機器等の品質、有効性及び安全性の確保に関する法律（通称：薬機法）」という法律に基づき、厚生労働大臣から「薬事承認」を得なければなりません。したがって、医薬品について特許権が成立したとしても、薬事承認を得なければ、特許権者自身も特許権の対象となっている医薬品を製造販売することができません。薬事承認が得られるまでの間、特許権者は第三者によるその医薬品の製造販売の差止めはできるものの、自身も製造販売ができないため、特許権による利益を十分に得ることができません。

そこで、薬機法のような安全の確保等を目的とする制度によって特許権の存続期間が事実上削られた場合には、５年を限度に特許権の存続期間を延長する制度が置かれています（特許法63条４項）。

この制度の適用を受けるためには、特許権者が「延長登録の出願」という手続を特許庁に対してする必要があります。この制度により延長される期間は、特許権が生じた後の期間で、特許権の対象となる物を製造などする意思や能力があるのにそれができなかった期間です。

よって、医薬品の例であれば、特許権が生じた時点ではまだ薬事承認を得るために必要な試験がされておらず、その後試験を始めた場合は、試験を始めた時点から薬事承認が得られるまでの間が、延長の対象になります。また、特許権が生じる前に試験が始まり、試験が行われている間に特許権が生じた場合は、特許権が生じた時点から試験が終わり、薬事承認が得られるまでの間が延長の対象になります。

図❼-3 特許出願の流れ

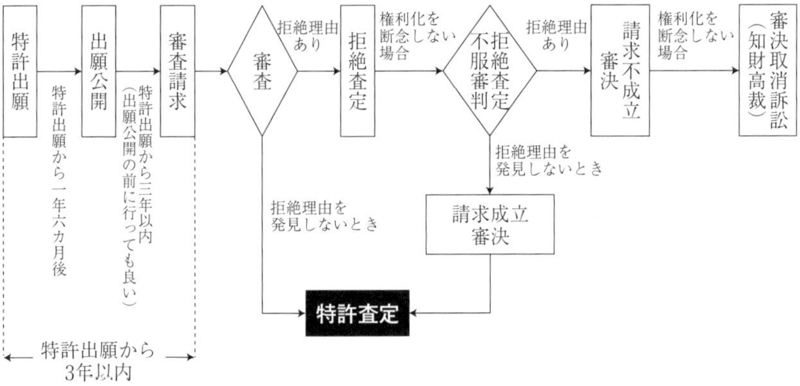

まず、特許を受ける権利をもつ人が、**特許庁**[9]に対して**特許出願**[10]をします。特許出願がされた後、1年6カ月が経過した時点で、出願公開がされます。なお、特許出願をしただけでは、審査は始まりません。審査が始まるには**審査請求**[11]という、出願した内容が特許要件を満たすかどうかの審査をするよう求める手続がされる必要があります。特許出願から3年が経つまでの間に審査請求がされなければ、特許出願は取り下げられたものとみなされます。審査請求がされれば、特許庁の**審査官**[12]が審査を行います。

特許出願のすべてを審査せず、審査請求があったものだけを審査する制度とする主な理由は、以下のものです。まず、出願されたものをすべて審査しようとすると「審査待ち」の出願が溜まり、出願から特許権の発生までの期間が長期間になってしまうおそれがあります。これを防ぐために、審査の対象となる出願の数を減らそうとしています。また、特許出願の中には、特許権を得る目的ではなく、とりあえず出願しておくことで他人が同じ発明の特許権をもつことを防ぐ目的のもの（**防衛出願**[13]）が多数あり、そのような出願の審査をすると審査官の労力が無駄になることが挙げられます。

審査の結果、特許要件を満たすと審査官が判断すれば、特許査定がされ、その後特許料が納付されれば、特許権が発生します（特許権を維持するためにはお金がかかります）。

審査官が、出願された発明が特許要件を満たさないと判断すれば、特許出願が認められない理由（拒絶理由）が出願人に対して通知されます（拒絶理由通知）。出願人には、拒絶理由を解消するために、範囲が限られるものの、出願の内容を修正したり（手続補正）、審査官の拒絶理由通知に対して意見書を提出したりする機会があります。それらによってもなお拒絶理由が解消していないと審査官が判断すれば、**拒絶査定**がされます。

拒絶査定を受けた出願人は、拒絶査定に不服がある場合には、拒絶査定不服審判という次の手続に進むことができます。拒絶査定不服審判は、出願人が特許庁に対して起こすものであり、特許庁の**審判官**[14]がその内容を改めて吟味することになります。それでもなお拒絶理由が解消しないと審判官が判断すれば、拒絶査定の結論が覆らないという内容の審決（拒絶査定不服審判不成立審決）が出されます。それに対する不服申立ては、出願人が特許庁長官を相手に、審決の取り消しを求めて提起する訴え（審決取消訴訟）となり、今度は特許庁ではなく**知財高裁**[15]で、裁判官が審理判断することになります。

➡9 特許庁
特許庁は、経済産業省の外局（省の下部機関ではあるものの、本省とは独立して規則や通達などを発する権限をもつ行政機関）であり、産業財産権の出願の審査や登録などを担う役所です。

➡10 具体的には、特許庁長官に対して、特許出願人や発明者を記載した「願書」という書類を提出します。願書には、「明細書」「特許請求の範囲」などの添付が求められます。特許請求の範囲には特許を受けようとする発明が、明細書には特許を受けようとする発明の詳細な説明などが記載されます。

➡11 審査請求
審査請求は、誰でもすることができます（特許法48条の3）。なぜ誰もが審査請求をできるようにするかというと、出願された発明に特許権が生じれば、権利者の許諾を得ずにその発明を自由に使えなくなるため、誰もが、特許権が生じるかどうかを早期にはっきりさせる利益をもつからです。

➡12 審査官
特許庁で、特許出願などの審査を担当する公務員です。審査官となるために法曹資格は求められていません。

➡13 防衛出願
❽で述べる特許要件の中には、「出願の時点では世の中に知られていないものであること」と、「最初に出願していること」とがあるため、その発明の特許出願を最先でできれば、他人が後で出願しても特許権を得られません。これを利用して、特許権を得る必要がなくても、他社が特許権を得て自社に権利行使しないよう防衛する目的で特許出願をすることがあります。

➡14 審判官
審判請求があった場合に、その内容を特許庁で吟味して審決を下す役割を担う公務員です。審判官となるために法曹資格は求められていません。

➡15 知財高裁
知的財産高等裁判所の略称です。独立した裁判所ではなく、東京高等裁判所の「特別の支部」という位置づけです。知財高裁は、特許庁の審決（例：拒絶査定不服審判不成立審決、無効審判不成立審決）に対する審決取消訴訟、知的財産に関する事件のうち、専門的な知見が必要なものの控訴審を担当します。

なお、特許権が発生した後に、実は特許要件を満たしていないとして、その特許権の有効性を争う「無効審判」という手続があります。無効審判は、特許権者を相手に、その特許権の利害関係人（例：その特許権の侵害を疑われている人）がするもので、裁判所ではなく特許庁の審判官が審理判断を行います。審判官の審理判断（審決）に対する不服申立ては拒絶査定不服審判と同様、知的財産高等裁判所への審決取消訴訟となります。

6　特許権の存続期間

特許権は特許の設定の登録の時点[16]から発生し（特許法66条、107条、108条）、存続期間が満了するまで存続させることができます。存続期間は、特許出願の日から20年を経過する日までです（特許法67条）。「存続させることができる」と書いたのは、特許権は、権利化が完了したら、その後は何もしなくても存続するわけではないからです。特許権を維持するには、特許権を維持するための手数料として**特許料**を特許庁に支払わなければなりません（特許法107条）。この特許料を定められた期限までに支払わなければ、その時点で特許権は消滅します（特許法112条）。ですから、お金を払い続けることができれば、特許出願の日から20年を経過する日までその特許権を存続させることができる、というわけです。特許料は、特許査定がされた時点から年を経るごとに高くなるように設定されています（特許法107条１項）。したがって、長く特許権を維持すればするほど、特許料が高くなります（資料❼－１）。なぜそのような料金設定になっているかというと、使われない特許権は存続期間の満了を待たずに消滅させるように仕向ける方が、他人の行動に対する制約が減るからです。すなわち、特許権があるということは、他人の行動に対する禁止権があるということですから、その特許権者が特許権を活用する気が無いにもかかわらず特許権が残ってしまうと、意味もなく他人の行動が制約されてしまいます。このような事態を避けるため、特許料を支払ってまで維持したい特許権だけが残るように制度が仕向けているのです。

➾16　特許査定の後30日以内に、１年目から３年目までの特許料（後述）が納付された時点で登録されます。

資料❼－１　特許料

▶特許法107条の表（筆者が一部修正）

各年の区分	金額
第１年から第３年まで	毎年4,300円に一請求項につき300円を加えた額
第４年から第６年まで	毎年10,300円に一請求項につき800円を加えた額
第７年から第９年まで	毎年24,800円に一請求項につき1,900円を加えた額
第10年から第20年まで	毎年59,400円に一請求項につき4,600円を加えた額

▼特許料額の年次推移と累計額（請求項の数が１の場合）

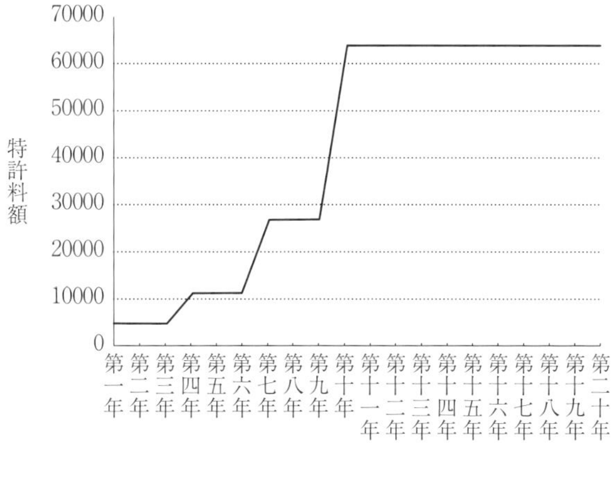

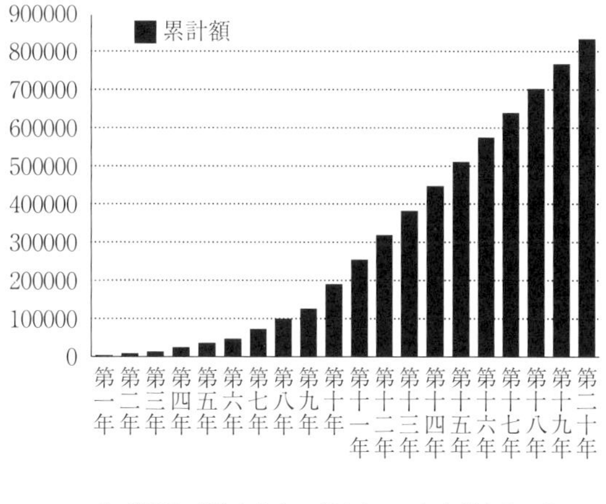

18歳からはじめる知的財産法 8

どんなものが特許権として認められるの？

▶特許法〈2〉特許要件

設例　Aさんの母Bさんは、自動車メーカーTで製品開発を担当しています。T社では、次世代の電気自動車のための蓄電装置の開発を進めていました。Bさんらは、これまでの蓄電装置には使われたことのない材料を使い、超小型で軽く、しかも蓄電容量が大きく安価な装置の開発に成功しました。T社の営業担当者は、早速開発の成功を大々的に宣伝しようとしました。ところが、Tの知財担当者は営業担当者に「この装置の特許出願が済むまでは、社外に公表してはならない」と強く注意しました。なぜ知財担当者は、営業担当者にそのような注意をしたのでしょうか？

1　特許権が認められるための条件（特許要件）

特許権が認められるためには、特許庁に特許出願をして「特許権が認められるための条件」(特許要件）を満たすかどうかの審査を通過する必要があります。特許要件とはどのようなものでしょうか。

(1)　**発明該当性**　特許を受けようとするものが、特許法に定める**発明**に当たることが必要とされます。特許法に定める「発明」とは「自然法則を利用した**技術的思想**[1]の創作のうち高度のもの」とされています（特許法2条1項)。

したがって、正弦定理やエネルギー保存の法則のような「自然法則」そのものを見出したとしても発明にはなりません。これに対し、正弦定理を用いた測量方法（いわゆる三角測量）や、エネルギー保存の法則を利用するエレベーターの駆動装置であれば「自然法則を利用した技術的思想の創作」となりますので、発明になりえます。

一方で、そもそも自然法則を利用していないものは特許法に定める「発明」には当たりません。たとえば、効果的な広告の方法は、ビジネスの方法としては優れていても、自然法則を利用していないため、特許法に定める発明に当たりません。実際に、電柱にシートを貼って広告とする方法は発明に当たらないとして、特許出願が拒絶された例があります（電柱広告方法事件：東京高判昭31年12月25日)。また、スポーツやゲームのルールは**人為的な取り決め**[2]にすぎないため、やはり発明には当たりません。さらに、自然法則に反するもの（例：**永久機関**[3]）も発明に当たりません。

(2)　**産業上利用可能性**　特許を受けようとするものが「産業上利用することができる」ものであることが求められます（特許法29条1項柱書)。産業上利用することができないものの例としては、「太平洋をすべてコンクリートで覆うことによる台風の発生防止方法」のように、理論的には可能であるものの現実には実施が不可能な発明が挙げられます。

➾1　技術的思想
技術的思想とは、その技術分野の通常の知識のある者が使えば、繰り返し同じ結果を得られるアイデアを指します。よって、原子核分裂反応の制御手段が不明な原子炉（原子炉事件：最判昭44年1月28日）のように、それだけでは使えないアイデアや、結果が偶然に左右されるアイデアは、技術的思想に当たりません。また、投球方法のように、知識だけで再現できないものも技術的思想に当たりません（特許庁「特許・実用新案審査基準」第III部第1章2.1.5)。

➾2　人為的な取り決め
スポーツやゲームのルールは、自然法則とは無関係に人間が決めた取り決めです。したがって、それらは自然法則を利用したものとはいえず、発明に当たらないとされます。

➾3　永久機関
永久機関とは、外部からエネルギーを受けなくとも動き続ける装置であり、これが実現すればエネルギー問題は一挙に解決します。永久機関に発電などをさせれば、エネルギーが外部に取り出されることになります。それでも永久機関が永久に動き続けるということは、何もないところから動くためのエネルギーを得るのと同じです。つまり永久機関は、自然法則である「エネルギー保存の法則」に反するものといえます。したがって、永久機関は自然法則に反し、発明に当たりません。

また、「医療業」は、ここにいう「産業」には当たらないとされています。医療業に特許権を認めるということは、医師の行為が特許の対象となる可能性が常に存在するようになることを意味します。そうすると、医師が安心して治療をすることができなくなるとの懸念から、医療業は「産業」に当たらないと理解されているのです（外科手術の光学的表示方法事件：東京高判平14年4月11日）。ただし、医薬の製造業は「産業」に当たると理解されており、医薬品には特許が与えられています。

⑶ **不特許事由**　特許を受けようとするものが「特許が禁じられている発明でないこと」が求められます。特許が禁じられている発明とは「**公序良俗**[4]または公衆衛生を害する発明」と規定されています（特許法32条）。たとえば、わいせつ物については「公序良俗または公衆衛生を害する発明」に当たると説明されます。

⑷ **新規性**　特許を受けようとするものが、特許出願の時点で「公然知られた発明」（公知）や「公然実施をされた発明」（公用）、「刊行物に記載された発明（不特定の者がアクセスできる状態でウェブ上に置かれたものを含む）」（刊行物公知）であるときは、特許の対象となりません（特許法29条1項1号～3号）。

既に世の中に出ている発明に特許権を与えても、新たに発明が生まれたり未公開の技術が公開されたりしないため、権利を与える必要はありません。また、既に知られている発明に特許権を与えれば、その発明を自由に使えなくなるだけでなく、その発明を使ったさらに優れた技術が開発されたときに、その新たな技術を使う邪魔になるおそれがあります。よって、特許出願の時点で新規性が失われていないことが特許要件とされているのです。

なお、発明が実際に不特定の人に知られていなくても、不特定の人に「知られうる状態」になれば、それは公然知られた発明ということになります。裁判例には、秘密保持の契約をせずに（すなわち「口止め」せずに）開示された発明を「公然知られた発明」としたものがあります（壁式建造物の構造装置事件：東京高判昭49年6月18日）。

➾4 公序良俗
「公の秩序、善良の風俗」を略したものです。同様の表現は、民法90条や意匠法5条1号など、他の法律でも登場します。

コラム❽-1　ビジネスモデル特許

ビジネスの方法（ビジネスモデル）そのものは、自然法則を利用したものではないため、特許法に定める「発明」ではありません。

ただ、自然法則を利用することでビジネスの方法を実現したものであれば、それは特許法に定める「発明」に当たります。

たとえば、情報関連技術を利用したビジネスの方法であれば、「発明」に当たるとされています。登録された例として、利用者ごとに提供した飲料の量を集計し、それに応じて予め設定された期間ごとの料金を算出した上で、その料金が一定額を超えた場合のみ、超えた分の料金を課金する飲料課金システムがあります（特許6611889号）。

また、情報関連技術を利用しないものでも、何かしらの自然法則を利用していれば、「発明」に当たるとされます。登録された例として、食堂のカウンター席に隣席との仕切りや厨房との間に暖簾が設けられるなどした店舗システム（特許4267981号）、来客のテーブル番号が書かれた札と、来客の要望に応じてカットした肉を計量する計量器と、計量器から出力された肉の量と来客のテーブル番号が書かれたシールを用いたステーキの提供システムがあります（いきなり！ステーキ事件：知財高判平30年10月27日）。知財高裁は、問題となった発明は、来客ごとに好みの量のステーキを提供するという技術課題を、札や計量器、シールという特定の物品を使って他の来客の肉と取り違えることを防いで解決するための技術的手段であるから、自然法則の利用に当たる、としました。

また、「公然実施をされた発明」とは、機械の内部に組み込まれているなどして普段は外部から見ることができないものの、その状態で既に公然と使われているもの、とされます。裁判例には、出願の4日前に納車された消防自動車に搭載された潤滑油装置について「公然実施された」としたものがあります（東京高判昭31年12月25日）。

「刊行物に記載された発明」とは、不特定の人が見られる状態で公開されることを目的として複製された文書に記載された発明（箱尺事件：最判昭61年7月17日）とされています。箱尺事件では、オーストラリア特許庁で不特定の者が閲覧可能であった**マイクロフィルム**[5]に記録されていた発明が「刊行物に記載された発明」に当たるとされました。

⑸ **進歩性**　特許を受けようとするものが、特許出願の時点で、既に公に知られていたり公に用いられていたりする発明から容易に到達できるものであるときも、特許の対象となりません（特許法29条2項）。これを**進歩性**の要件といいます。

既存の発明を単に組み合わせることは、時間やお金をかけて研究開発をしなくても簡単にできることですから、そのようなものに権利を与える必要はありません。むしろ、お金と時間をかけて既存の発明から容易に到達できないものを発明した人にだけ権利を与えることにすれば、技術開発への投資の意欲が生まれます。また、既存の発明から容易に到達できないものに特許権を与えても、既存の発明を単に使うことは妨げられません。よって、特許出願の時点で進歩性があることが、特許要件とされています。

⑹ **先　願**　特許を受けようとするものについて、最も先に出願していることが求められます（特許法39条）。同じ技術課題を解決するために、複数の人がそれぞれ独自に技術開発を進め、偶然同じ発明が完成することがあります。この場合、特許権が与えられるのは最も先に出願した人だけです。このようにすることで、早期の特許出願を促しています。

⑺ **特許を受ける権利[6]をもつ者の出願であること**　特許を受ける権利をもたない人が特許出願をすることは認められません（特許法49条7号）。また、特許を受ける権利をもつ人が複数いる場合[7]には、全員が共同して特許出願をしなければならず、一部の人だけで特許出願をすることは認められません（特許法38条）。たとえば、大学と企業が特許を受ける権利を50％ずつもつ場合[8]、大学と企業の両方が特許出願に合意しない限り共同での特許出願になりませんので、企業が大学に無断で特許出願をすることは認められません。

⑻ **記載要件**　記載要件は、特許出願の際に提出する書類の記載のルールです。詳しくは述べませんが、「特許請求の範囲」に特許を受けようとする発明が明確に書かれていなければならないこと（明確性の要件：特許法36条6項2号）や、当該技術分野における通常の知識を有する者（当業者）がその発明を再現できる程度に明確かつ十分に「発明の詳細な説明」の記載をしなければならないこと[9]、「特許請求の範囲」の記載が「発明の詳細な説明」に記載されたものであること[10]などがあります。

2　新規性喪失の例外

これまで紹介した特許要件のうち、新規性の要件には例外規定が置かれて

➾5　**マイクロフィルム**
肉眼で読み取ることが難しい大きさにまで縮小して文書が記録されたフィルムです。内容を読むときは、専用の投影機を使います。文書がデジタル管理される以前に、限られた資料保管のためのスペースを確保する手法として広く用いられていました。

➾6　**特許を受ける権利**
本書❼参照。

➾7　たとえば、大学の研究者と企業の研究者が共同して発明したものについて、大学の研究者と企業の研究者の完成した発明への貢献の程度が半々だった場合、それぞれが発明者としてもつ特許を受ける権利は50％ずつとなります。

➾8　たとえば、大学の発明者の特許を受ける権利が50％、企業の発明者の特許を受ける権利が50％の場合、それぞれの雇い主に特許を受ける権利を譲渡すれば、大学と企業が50％ずつ特許を受ける権利をもつことになります。

➾9　特許法36条4項1号の定めによるもので、実施可能要件と呼ばれます。

➾10　特許法36条6項1号の定めによるもので、サポート要件と呼ばれます。

います。発明の内容が書かれた書類が盗まれるなどして発明をした人の意思に反して発明の内容が公開されてしまったような場合について、何の救済もないようでは安心して技術開発を進めることができません。また、特許制度は、未だ知られていない発明をした人に対して、特許出願という手続を通じて、その発明の内容を公開することを促しています[11]。したがって、発明をした人が特許権を得られなくなることを心配して必要以上に技術開発の内容を隠そうとしてしまうと、特許制度があることでかえって技術が公開されなくなってしまいます。

そこで、特許法30条には**新規性喪失の例外**に関する規定が置かれています。①特許を受ける権利をもつ者の意に反して新規性が失われた場合[12]は、新規性が失われた時点から1年以内に出願すれば、新規性が失われていないものとして取り扱われます(特許法30条1項)。また、②特許を受ける権利をもつ者自身の行為により新規性が失われた場合[13]には、新規性が失われた時点から1年が経つまでの間に出願すれば、新規性は失われていないものとして取り扱われます(特許法30条2項)。ただし、特許を受ける権利をもつ者による特許出願等に関する公報に掲載されたことにより新規性が失われた場合は、この例外の適用はありません。

設例では、Tの知財担当者は営業担当者に対し、特許出願が終わるまでは社外に蓄電装置のことは絶対に公表してはならないと強く注意していました。なぜならば、新規性が失われて特許要件を満たさなくなることをTの知財担当者はおそれているからです。ただ、Tによる公表が、この蓄電装置の特許を受ける権利を発明者であるBさんからTが譲り受けた後であれば、新規性喪失の例外の適用を受けることができます。

11 本書⓬参照。

12 たとえば、発明をした本人が、口止めをするつもりでいたのにうっかり忘れて親族や会社関係者に発明の内容を話してしまい、話を聞いた者が公表してしまった場合です。

13 たとえば、発明した本人が、その発明を論文にして雑誌に投稿したり、学会で発表したりしたような場合です。

コラム❽-2 完成していない発明の特許出願

特許法では、「発明が完成していること」を特許要件として直接定めてはいません。しかし、完成しているわけでもない発明に対して特許を与えても、発明を奨励するという特許法の目的を達成することはできません。

裁判例によれば、「発明が完成していること」は、特許法に定める「発明」に当たるための要件とされています(薬物薬品事件：最判昭52年10月13日)。この事件の判決は、特許制度の趣旨から、「(発明の)技術内容は…(その)技術分野における通常の知識を有する者が反復実施して目的とする技術効果を挙げることができる程度にまで具体的・客観的なものとして構成されていなければならない」とします。その上で、「(出願されているものの技術内容がこの程度にまで)構成されていないものは、発明として未完成のものであつて、…『発明』とはいえないものといわなければならない」としました。

これによれば、発明が完成しているというためには、一度試したらたまたま上手くいった、というような偶然ではなく、何度繰り返しても同じくその発明が目的とする技術的な効果を挙げられる状態でなければならない、ということになります。この基準は、特許出願前に、その発明者とは関係なく偶然同じ発明が完成していた場合には、特許権行使を受けないという先使用の抗弁(本書❾を参照)の有無の判断にも用いられます。

18歳からはじめる知的財産法

9 新製品を売り出して大丈夫？

▶ 特許法〈3〉特許権侵害の要件と防御

設例　A君の姉のBさんは、食品パッケージを製造するY社で製品開発を担当しているのですが、内容物が付かないパッケージ素材の開発が課題でした。Bさんは、蓮（ハス）の葉が表面の微細な凹凸によって水をはじく性質をもつことにヒントを得て「表面をフッ素樹脂αでコートした金属酸化物粒子を含む塗膜を含む包装材料β」を完成させました。その後Y社は、素材βについて特許出願を行いました。特許出願の後、素材βは乳業メーカーM社に採用され、Mのヨーグルトはフタにくっつかないと評判になりました。ただ、このフッ素樹脂αはY社が開発した材料ではなく、X社が特許権を有しているものでした。Y社は、素材βを商品のラインナップに加えて大丈夫だったのでしょうか？

1　特許権侵害の要件

特許法には、「特許権者は、業として特許発明の実施をする権利を専有する」と規定されています（特許法68条）。これは、特許権侵害か否かを定める根拠となる条文です。いきなり条文を示されてもピンとこないと思いますので、「何をすると特許権侵害になるのか」ということを説明します。

⑴　**業としてなされていること**　まず、「業として」何かがされていることが特許権侵害の1つ目の条件です。この「業として」が何を示すのかは特許法の条文に明記されていません。「業として」とは、個人的な行為や家庭内での行為に特許権の効力を及ぼさないための要件と理解されています。すなわち、個人的な行為や家庭内での行為に特許権を及ぼしても、現実にそのような行為を特許権者がみつけるのは難しいですし、そのような行為にまで特許権を及ぼせば日々の行為が特許権侵害になる心配をしなければならなくなります。そこで、個人的な行為や家庭内での行為の範囲を超えるものが「業として」される行為と理解されています。

⑵　**特許発明の実施に当たること**　次に、「特許発明の実施」に当たるかどうかが特許権侵害の2つ目の条件です。「実施」という言葉は、特許法の条文では、特許公報の「特許請求の範囲」に書かれている発明の分類ごとに決められた意味で使われています。

特許法は、①物の発明、②方法の発明、③物を生産する方法の発明の3つに発明を分類しています（特許法2条3項1項〜3号）。①物の発明とは、特許公報の特許請求の範囲に「物」が書かれている発明をいいます（例：〜を備えた○○装置）。②方法の発明とは、「方法」が特許請求の範囲に書かれている発明を指します（例：〜という工程を備えた○○方法）。③物を生産する方法の発明は、「物の生産方法」が特許請求の範囲に書かれているものです（例：「〜

という工程を備えた〜の製造方法」)。

①物の発明である場合の「実施」とは、物の生産、使用、譲渡、貸渡、輸出、輸入、譲渡や貸渡の申出、物がプログラムであるときはプログラムの提供を指します（特許法2条3項1号）。②方法の発明である場合の「実施」は、方法の使用を指し（特許法2条3項2号）、③物を生産する方法の発明の「実施」は、物を生産する方法の使用、物を生産する方法により生産した物の使用、譲渡、貸渡、輸出、輸入、譲渡や貸渡の申出を指します（特許法2条3項3号）。

したがって、侵害行為をしていると疑われている人（被疑侵害者）の行為が、業としてされる「実施」に当たるときは、被疑侵害者の行為の対象となっている物や方法、物を生産する方法が、問題となる特許権の対象となるかどうかが問題となります。言い換えれば、被疑侵害者は、特許権の対象となる物や方法、物を生産する方法を業として実施しているのか、そうでないのかが問題となるわけです。

(3) 特許発明の技術的範囲に属すること　特許発明の技術的範囲、すなわち、その特許権の権利範囲は、特許を受けようとするものが書かれた「特許請求の範囲」の記載に基づいて定められます（特許法70条1項）。また、「特許請求の範囲」に書かれている用語は、特許出願の際に添付された明細書や図面の記載を参照して解釈することとされています（特許法70条2項）。

特許発明の技術的範囲に属する状態で「業として」「実施」が行われれば、特許権侵害に当たる行為が行われた、ということになります。設例でいえば、「表面をフッ素樹脂αでコートした金属酸化物粒子を含む塗膜を含む包装材料β」を業として生産すれば、Yの特許権の侵害に当たることになります。他方で、表面をフッ素樹脂αとは異なる素材でコートした金属酸化物粒子を含む塗膜を含む包装材料であれば、Yの特許発明の技術的範囲を外れます[1]ので、Yの特許権の侵害にはなりません。

(4) 利用関係にある発明の特許権　ある特許発明の技術的範囲と、別の

➡1　これを「不完全実施」といいます。ただし、**コラム❾-2**を参照。

コラム❾-1　並行輸入と特許権

同じ商品が外国で日本国内よりも安い値段で売られている場合、外国で安く買って日本に持ち込み、日本国内の「正規品」より安く販売すると利益が出る場合があります。これを並行輸入といいます（図❾-1参照）。並行輸入品は外国で適法に売られていた物であり、偽物や模倣品とは違います。

日本国内で「正規品」を販売する側からすれば、並行輸入品があると正規品の売上げが落ちるかもしれず、なんとか止めさせたいと考えるのは自明です。

そこで、特許権を使って並行輸入を止めようとしたのがBBS特許事件（最判平9年7月1日）です。特許権者が外国で販売した商品が特許権の技術的範囲に属する場合、外国で適法に買った商品でもそれを業として輸入し国内で譲渡すると特許権侵害のようにみえます。これを捉えて、特許権者は並行輸入が特許権侵害であると主張したのです。並行輸入が特許権侵害とならないことは、本文で述べたとおりです。

図❾-1

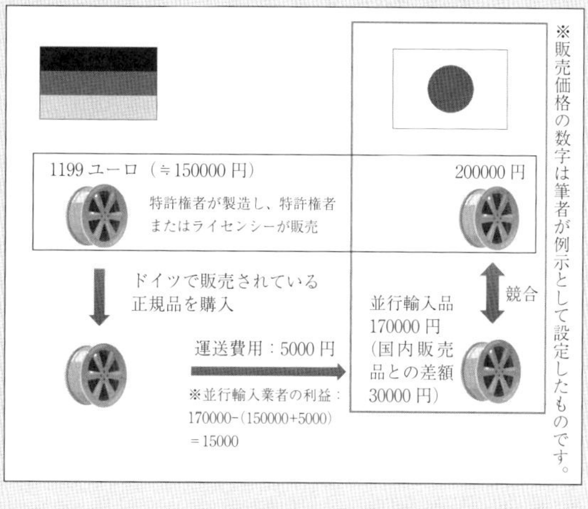

特許発明の技術的範囲が重複することがありえます。

たとえば、設例の「表面をフッ素樹脂αでコートした金属酸化物粒子を含む塗膜を含む包装材料β」は「フッ素樹脂α」を利用したものです。言い換えれば、フッ素樹脂αの特許発明の技術的範囲と、包装材料βの特許権の技術的範囲とが一部重複している、ということです。設例では、「フッ素樹脂α」の特許権はＹ社ではなくＸ社が有しています。この場合、「表面をフッ素樹脂αでコートした金属酸化物粒子を含む塗膜を含む包装材料β」について特許権を有していることが、「フッ素樹脂α」の特許権の侵害を免れる理由にはなりません（特許法72条）。設例のＹ社が、「表面をフッ素樹脂αでコートした金属酸化物粒子を含む塗膜を含む包装材料β」を業として生産するということは、その過程で必ず「フッ素樹脂α」を業として使用することになりますから、「フッ素樹脂α」の特許権の実施に当たります。

したがってＹ社は、「フッ素樹脂α」の特許権者であるＸ社から許諾を得なければ、「表面をフッ素樹脂αでコートした金属酸化物粒子を含む塗膜を含む包装材料β」を生産することはできないことになります[2]。

➡2　本書❼2も参照。

2　特許権侵害との主張に対する防御

特許権者から、特許権侵害となる行為をやめるよう請求されたり（差止請求）、過去の侵害行為についての損害を賠償するよう求められたりしたとき（損害賠償請求）に、これらの請求を拒否するには、特許権侵害を否定すること（否認）が必要です。すなわち、自分の行為が、業としての相手の特許発明の技術的範囲に属するものの実施に当たらない、といえればよいわけです。

ただ、どうしても自分の行為が、業としての相手の特許発明の技術的範囲に属するものの実施に当たる場合、もう打つ手はないのでしょうか。

実は、特許権侵害の外形があっても侵害が否定される場合（**抗弁**）がいくつかあります。特許権侵害との主張に対する抗弁は、①特許発明の技術的範囲を減縮する抗弁、②特許権の効力の及ばない物に関する抗弁、③実施態様に基づく抗弁、の３つの類型に分類することができます。

(1)　特許発明の技術的範囲を減縮する抗弁　　一度成立した特許権の有効性を争う手続として、**無効審判**[3]があります。かつては、特許権の有効性は出願の審査や無効審判で判断されるものであり、特許権侵害訴訟で被疑侵害者が特許の有効性を争うことはできないと理解されていました。しかし、最高裁は、特許の無効が明らかな場合の権利行使を否定しました（キルビー事件：最判平12年４月11日）。その後、2004年に「当該特許が特許無効審判…により無効にされるべきものと認められるときは、特許権者…は、相手方に対しその権利を行使することができない」ことが条文に明記されました（特許法104条の３）。これにより、被疑侵害者は、その特許権が新規性や進歩性などを満たさないとして権利行使を免れることができます。

➡3　**無効審判**
いったん権利化された特許権について、特許要件を満たさないことを理由に特許を無効とする手続です。問題となる特許権の利害関係人が、特許権者を相手取り特許庁に対して審判を請求してなされます（特許法123条）。

(2)　特許権の効力の及ばない物に関する抗弁　　特許権者や許諾を得た者が販売した特許製品が、その後の譲渡のたびに、特許権者の許諾が必要になれば、流通に多大な支障が生じます。そこで、最初に特許権者などが販売した時点で特許権は用い尽くされ、その後の日本国内での譲渡に特許権は及ばない、と理解されています[4]。ただし、国境をまたいだ流通については別論です。国ごとに特許権が別々に存在しているからです。最高裁は、少なくと

➡4　これを「国内消尽」といいます。

も外国で特許権者が製品を販売する際に、日本への輸出を禁止する旨の表示がない場合には、権利者が日本への輸出を承諾したと理解し、日本へのそうした製品の輸入や日本国内での流通には特許権は及ばないと判示しました（BBS特許事件：最判平９年７月１日、**コラム❾－１**を参照）。

⑶ **実施態様に基づく抗弁**　出願された発明と同じ発明について、出願より前から、出願された発明の内容を知らずに自ら発明をする等して事業の準備等をしていた者については、その事業の準備等の範囲内で、実施を継続することができるとされています（特許法79条、**図❾－２**を参照）[5]。

また、特許権の対象となっている発明（特許発明）の技術的な効果を確認するための試験や、特許発明を迂回して特許権侵害にならない技術を探索する行為は、試験・研究のための実施であるとして、特許権侵害にはなりません（特許法69条１項）。いわゆる後発医薬品（ジェネリック医薬品）について**薬機法**[6]の承認を得るために、先発医薬品の特許権が消滅する前に行う試験[7]についても、試験・研究のための実施であり、特許権侵害には当たらないとされています（脾臓疾患治療剤事件：最判平11年４月16日）。ただし、特許発明の経済的な効果を確認するための市場テストは、将来の販売を目的とするため、この例外は適用されません。

さらに、複数の医薬を混ぜ合わせて製造する方法の発明についての特許権の効力は、医師などの処方箋に基づいて調剤される医薬には及ばないとされています（特許法69条３項）。

⇒５　これを「先使用」といいます。

図❾－２

▼先使用の抗弁が成立する場合

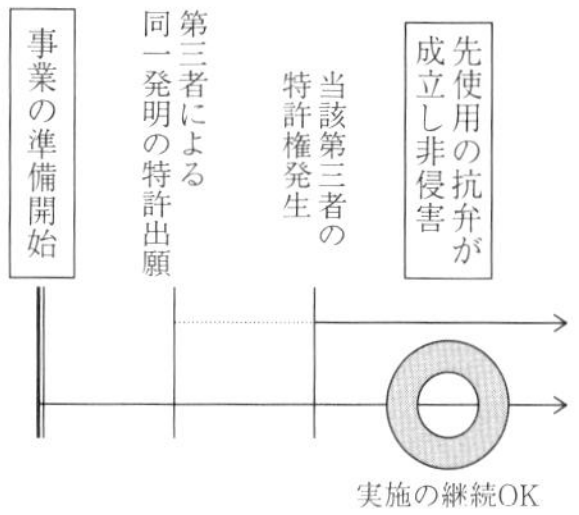

▼先使用の抗弁が成立しない場合

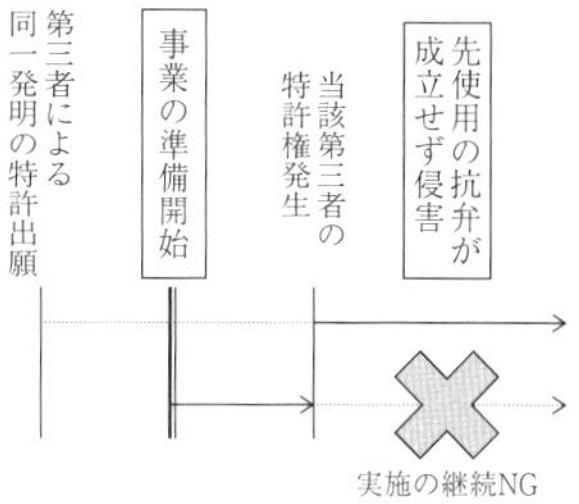

⇒６　**薬機法**
正式名称は「医薬品、医療機器等の品質、有効性及び安全性の確保等に関する法律」です。かつては「薬事法」という名前でしたが、2013年の改正により現在の名称に改められました。

⇒７　本書**コラム❼**－２参照。

コラム❾－２　特許請求の範囲と少しでも違うと侵害にならないの？

特許権侵害が成立するためには、その人が「特許請求の範囲」に記載されている構成をすべて実施していることが原則です。しかし、「特許請求の範囲」の記載と少しでも違うと侵害が一切認められないのでは、ライバル企業などに簡単に侵害を回避されてしまいます。そうなれば、特許権の保護が不足することになりかねません。

たとえば、その発明が従来の課題を解決するために必要な構成として、他の部品を保持できれば何を使っても効果は変わらないところを、「特許請求の範囲」に「鉄製の～」とある場合に、被疑侵害者がそれを鉄製ではなく木製にして、他の部分はすべて特許請求の範囲の記載と同じ製品を製造したとします。確かに、特許請求の範囲を完全に実施しているわけではないので、非侵害の結論となりそうです。ただ、本当にそれでよいのでしょうか。

このような場合、①置き換えられた「鉄製の～」の部分が発明の本質的な部分ではなく、②このような置き換えをすることが簡単に思いつき、③置き換えをしても効果が変わらず、④置き換え後のものが仮に問題の特許権の出願時点で出願されたとしても特許要件を満たしており、⑤置き換え後のものが特許出願の段階で意識的に除外されたものでないときは、特許権侵害が成立するとされています（ボールスプライン軸受事件：最判平10年２月４日）。これを**均等侵害**といいます。

実際に争われた例では、中外製薬のマキサカルシトール（角化症治療薬に使われる物質の１つ）の製造方法の発明について、「シス体のビタミンＤ構造」という部分を「トランス体のビタミンＤ構造」に置き換えた事件で均等侵害が認められています（マキサカルシトール事件：知財高判平28年３月25日）。

10 営業秘密ってどこまで保護されるの？

▶ 不正競争防止法２条１項４号〜10号

設例 Ａさんはラーメン屋『谷岡家』を営んでいます。それまでにない新たなダシの取り方のラーメンを開発し、大人気となって新聞やテレビにも取り上げられました。ところが、『谷岡家』で働いていたＢさんが、一身上の都合で退職した後、１カ月後に新たなラーメン屋を開業しました。その味はＡさんのラーメンとほとんど一緒です。このダシの取り方は、毎日の仕込みで使っているので従業員は誰でも知っています。ただ、このダシの取り方は外部に漏らしてはならないことをミーティングで注意喚起し、Ｂさんを採用した時にもダシの取り方を外部に漏らさないことの誓約書を書いてもらっています。このダシの取り方をＢさんに使わせない方法はあるのでしょうか？

1　どうして営業秘密を保護するの？

企業が開発した技術に関する情報は、❼で扱ったように特許出願して特許権として独占的に実施するという方法の他に、**営業秘密**として秘密にしたまま使用することで他の企業に使わせず独占するという方法があります[1]。

なぜ、営業秘密としておくという方法は重要なのでしょうか。確かに特許権を得ることができれば、発明の内容を公開でき侵害者には特許権侵害を理由に損害賠償や差止めを請求することができます。他方で、特許出願すれば**出願公開**[2]され、日本国内や国外の者が勝手に当該技術を使う可能性があります。販売された製品を解析して判明する技術であれば特許出願するしかありませんが、販売された製品を解析しても分からない製造方法やレシピのようなものは、完全に秘密にしておくことによって他社の使用を一切排除できる可能性があります[3]。

さらに、営業秘密には、特許化できるような技術の情報だけでなく、顧客名簿、新規事業計画、価格情報といった情報も含まれます。これらの情報は特許権を取得することは困難な上、著作権法の保護も十分ではありません。

このように、企業の有する営業秘密には重要な価値があります。もっとも、いくら秘密にするとはいえ、その情報を使用する過程で企業の従業員や役員はその内容を知り、これを悪用することが考えられます。また、その企業の外の人から情報が漏えいするリスクもあります。そこで、不正競争防止法は、一般には知られていない情報のうち、当該企業が秘密として扱おうと考え、他の情報と区別して秘密として扱う情報の一定の使用行為を**不正競争行為**として、使用の差止めや損害賠償を認めています[4]。

➡ 1　**資料⓾-1**は1997年３月公表の研究結果ですが、日本とアメリカの企業に対し、過去３年間に製品イノベーションおよび工程イノベーションについて、各方法が効果をもった割合を調査したところ、製品イノベーションは日本では「特許による保護」よりもやや少ない25.6％が「技術情報の秘匿」と回答し、アメリカでは「特許による保護」よりも多い51.4％が「技術情報の秘匿」と回答しています。工程イノベーションでは、日本もアメリカも「特許による保護」よりも「技術情報の秘匿」が効果をもつとしています。

➡ 2　**出願公開**
本書❼と❽参照。

➡ 3　たとえば、コカ・コーラの製法は100年以上にわたって秘密として守られているといわれています。

➡ 4　**営業秘密の不正競争防止法での保護**
従来、日本では民法上の不法行為や契約によってしか営業秘密は保護されていませんでしたが、GATTウルグアイ・ラウンドの国際交渉において営業秘密の保護が問題となったことを契機として、1990（平成２）年の不正競争防止法改正で新設されました。

2　営業秘密として保護されるための要件

情報が営業秘密として不正競争防止法で保護されるためには、①秘密として管理されていること（秘密管理性）、②有用な技術上又は営業上の情報であること（有用性）、③公然と知られていない情報であること（非公知性）が必要となります（不正競争防止法２条６項）。

(1)　**秘密管理性**　まず、不正競争防止法で保護されるためには秘密として管理されていることが要求されます。その理由は、①企業として秘密として管理していない情報を法律で保護する意味はないこと、②秘密として管理されていることが認識できなければ、企業の従業員はどの情報を使用してよく、どの情報を使用したらダメなのかがわからないことが挙げられます。

そうだとすると、企業が秘密の情報と一般的な情報とを区別し、前者が秘密であることを従業員らが認識できるようにしておけば十分であることになります。最近の裁判所の判決は、従業員などがその情報を秘密であると認識できる程度でよいとする傾向にあります。たとえば、高強度アルミナ長繊維とこれを用いた研磨ツールに関する情報の電子データについて、アクセスできる従業員を絞ってログインIDやパスワードを設定していた事案につき、秘密管理性を認めた判決があります（アルミナ繊維事件：大阪地判平29年10月19日）。また、顧客情報についてマル秘の印を押捺して顧客から見えない場所に保管していた事案についても秘密管理性が認められています（かつら顧客名簿事件：大阪地判平８年４月16日）。設例のダシの取り方のように、従業員が日常的に使用する情報でも、誓約書やミーティングの注意喚起などで従業員が秘密と認識できれば、秘密管理性が認められます。

(2)　**有用性**　有用性の要件は、企業に情報を生み出すインセンティブ[5]を与えなくてよい情報かどうかを判断するものです。どのような情報が企業に重要かは企業によって異なるので、技術や営業上の情報は広く有用なものと判断されます。この点は、進歩性を要求する特許法とは大きく異なり

5　インセンティブ
人の意思決定を変化させる要因のこと。「誘引」ともいいます。

コラム⑩-1　スタートアップ企業がもつ営業秘密の吸い上げ

最近、スタートアップ企業（成長産業において革新的なビジネスに取り組んでいる若い会社）がもつ営業秘密を大企業が吸い上げる行為が問題となっています。たとえば、事業提携を持ち掛けられたため、スタートアップ企業が気をよくして企業秘密の製法やプログラムのソースコードを大企業に教えたところ、事業提携の話を取り止めにするだけでなく、教えた秘密の製法やプログラムを大企業が自ら使用したり関連会社に使わせたり、といったことがあります。

これを防止するための方策の１つとして、相手企業に秘密を開示する際に秘密保持契約（NDA）を締結することが重要です。内容としては、特定した秘密情報について「秘密情報等を、善良なる管理者としての注意義務をもって厳重に保管、管理する」「秘密情報等は、本取引の目的以外には使用しないものとする」といった条項を入れます。こういった秘密保持契約があれば、契約違反に基づく損害賠償や使用禁止請求ができることになります。また、このような契約を結ぶことで、秘密管理性や非公知性が認められやすくなり不正競争防止法に基づく請求もしやすくなります。

また、公正取引委員会『スタートアップの取引慣行に関する実態調査報告書』（2020年11月公表）では、取引上の地位がスタートアップ企業に優越している出資者が営業秘密の無償開示を要請し、それをスタートアップ企業が受け入れざるを得ない場合などについては、独占禁止法で禁止されている優越的地位の濫用（独占禁止法２条９項５号）となる可能性を指摘しています。

→6　本書❽参照。

ます[6]。技術の情報だけでなく、顧客名簿、新規事業計画、価格情報といった情報も含まれますし、設例のダシの取り方のような情報も含まれます。また、失敗した実験データのようなネガティブ・インフォメーションであっても、それを知ることで同じ失敗を避けられるので有用性が認められます。他方で、企業の犯罪やスキャンダルの情報は、このような情報を企業に生み出させる意味はありませんので、そのような情報は有用性を欠くことになります。

⑶　**非公知性**　広く知られた情報であれば保護をする必要はなく、保護するとその情報を取得した人が使用できなくなるといった不都合が生じます。これらの点から、不正競争防止法は営業秘密が公然と知られていないこと（非公知性）を要求しています。その製品の秘密が製品の形状からわかるような場合には、製品の展示会に出品するだけで非公知ではなくなってしまう可能性があります（オムツカップユニット事件：東京地判平23年2月25日）。その製品のリバース・エンジニアリングで分かる情報については、多額の費用をかけて判明する情報は非公知であると判断されますが、容易にわかる情報については非公知性が失われます（光通風雨戸事件：知財高判平23年7月21日）。また、事業提携を検討している他社にその情報を提供し、他社がその情報を漏洩しても非公知ではなくなってしまうおそれがあります。このような場合には、最初に**秘密保持契約**（NDA）を締結する必要があります。

3　どんな行為が侵害となるの？

不正競争防止法は、営業秘密の使用が不正競争行為となる場合について2条1項4号から10号に定めを置いています（**表❿-1**を参照）。

4号は、「窃盗、詐欺、強迫その他の不正な手段」で営業秘密を取得する行為やその秘密を使用したり、開示したりする行為を禁止しています。ただし、市販の商品を解析して秘密を解明する（リバース・エンジニアリング）ことは「不正な手段」には該当しません。

次に、7号は、営業秘密を保有する事業者からその営業秘密を示された場合にその営業秘密を使用したり開示したりする行為を禁止しています。ただし、侵害となるのは、不正の利益を得る目的やその事業者に損害を与える目的がある場合のみです。設例では、Bさんがラーメン屋を開業してダシの取り方を真似していますが、これは7号に違反する可能性が高いといえます。

5号、6号、8号、9号は、他の者が不正に取得・開示した営業秘密を取得した転得者の規定です。不正な営業秘密の取得や開示があったことを知っていた場合（悪意の場合）、**重過失**[7]でそのことを知らなかった場合、その営業秘密の開示や使用は侵害行為となります（5号、8号違反）。また、軽過失や無過失で営業秘密を取得した場合であっても、後から不正な取得があったことを知った場合や重過失で知らなかった場合に、その営業秘密を使う場合にも侵害となります（6号、9号）。また、営業秘密の使用によって製造された物の譲渡も不正競争行為となります（10号）。ただし、取引で事情を知らずに営業秘密を取得した場合に、その営業秘密の使用や開示を適法とする規定もあります（19条1項6号）。

→7　**重過失**
注意を尽くせば容易に不正開示行為等が判明するのにかかわらずそのような注意を尽くさない場合です。

表⑩－1　営業秘密の利用が不正競争となる場合

	営業秘密を保有者から直接取得した者	転得者（第三者を介在して営業秘密を取得した者）
不正取得の場合（窃取、詐欺、強迫その他の不正の手段）	使用・開示は４号違反	悪意・重過失取得の場合、その後の開示・使用は５号違反 取得後、悪意・重過失の場合、その後の使用・開示は６号違反
営業秘密保有者から営業秘密を示された場合	使用・開示は７号違反（不正の利益を得る目的やその事業者に損害を与える目的がある場合）	悪意・重過失取得の場合、その後の開示・使用は８号違反 取得後、悪意・重過失の場合その後の使用・開示は９号違反

4　営業秘密について不正競争行為を行うとどうなるの？

これらの営業秘密に関する不正競争行為が行われた場合、これによって営業上の利益を侵害される者は、**損害賠償請求**（不正競争防止法３条）や**差止請求**（同４条）をすることができます[8]。たとえば、顧客名簿が不正に使用されるおそれがある場合には、その顧客名簿に記載された者への営業行為を禁止したり、顧客名簿が記録されたファイルや媒体の廃棄を求めたりすることができます（東京地判平16年５月14日）。

ただし、営業秘密の保有者が不正競争の事実とその侵害者を知った時から３年経過したり、行為の開始から20年が経過したりすると差止請求ができなくなり（同15条）、経過後の損害については賠償請求ができなくなります（同４条但書）。また、損害賠償請求権は、別途民法724条の消滅時効が適用され、損害と加害者がわかった時から３年が経過すると時効により請求ができなくなります。

この他、一定の場合には刑事罰が科されます（21条）。たとえば、東芝のフラッシュメモリの共同開発にかかわっていた連携企業の技術者がフラッシュメモリ開発のデータを持ち出して韓国企業に開示した事件では、懲役５年（執行猶予なし）、罰金300万円が科せられています（東京高判平27年９月４日）。

8　損害の推定規定については、**コラム⑩－2**を参照。

資料⑩－1　科学技術庁科学技術政策研究所「イノベーションの専有可能性と技術機会：サーベイデータによる日米比較研究」（1997年３月）より

図1　製品イノベーションの専有可能性を確保する方法の有効性（平均値）

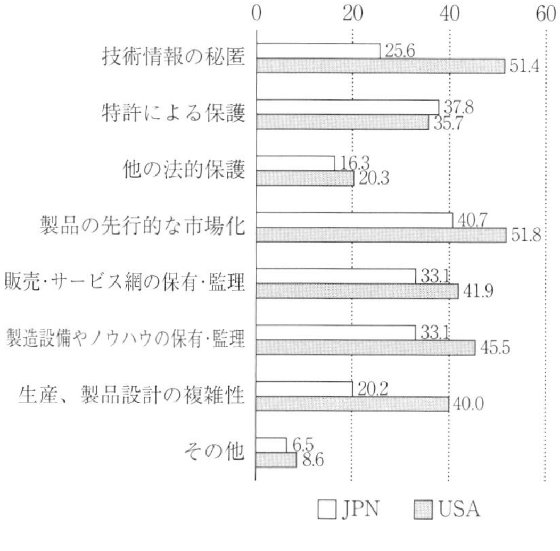

図2　工程イノベーションの専有可能性を確保する方法の有効性（平均値）

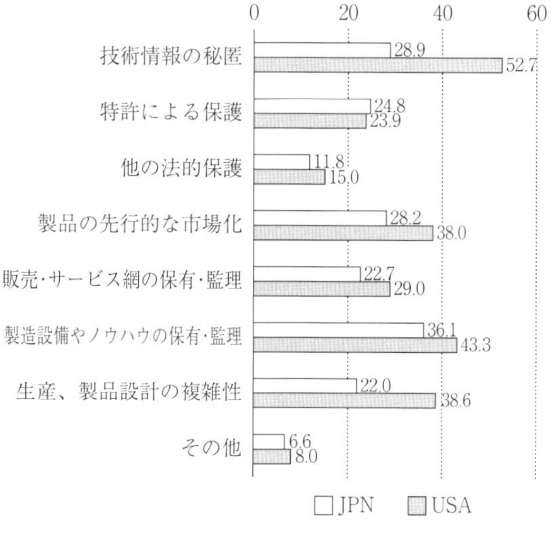

コラム⑩-2　データの保護

1　データ保護の必要性

従来から、情報の収集物であり体系的に構成されたものであるデータベースに対する法的保護の必要性が説かれてきました。このようなデータは企業活動に有用である一方、他人がデータをコピーすることは容易であるためです。さらに、近年は、通常のソフトウェアでは処理できない大量、複雑なデータであるビッグデータの重要性が説かれています。ビッグデータとは、通常のデータ管理のソフトウェアでは管理できないような大容量のデータを指すことが多いです。たとえば、道路形状データや車線情報データが収集され分析されることで、自動車の自動運転などに活用できるものと期待されています。では、このような集積されたデータは、知的財産法のどのような保護を受けるのでしょうか。

2　著作権法によるデータの保護

まず、著作権法で保護される場合があります。著作権法12条の2第1項は「データベースでその情報の選択又は体系的な構成によって創作性を有するものは、著作物として保護する」としています。約1800に分類された職業分類項目に独自の工夫のある職業別電話帳について、著作物として著作権法上保護されると判断した判決があります（タウンページ事件：東京地判平12年3月17日）。これに対し、自動車の型式指定などを古い順番に並べてデータベース化した自動車整備システムには創作性が認められないとして著作物としての保護を否定した例もあります（スーパーフロントマン事件：東京地中間判平13年5月25日）。この事案のように、情報の収集にいくら多大な労力や費用を掛けていても、情報の選択や構成における独自性がない場合には著作権法の保護を受けることができません。

加えて、著作権侵害となるのは「複製」などの著作権法上定められた行為に限られています。なお、コピー・プロテクションなど技術的保護手段を回避して行う複製行為は、私的複製の例外として複製権侵害になります（著作権法30条1項2号）。他方で、著作権法は、プログラムの場合（著作権法113条2項参照）を除いて著作物の「使用」を侵害としていません。そのため、データの抽出行為はそれ自体では侵害となるわけではありません。その意味でも著作権法によるデータの保護には限界があります。

3　不正競争防止法によるデータの保護

データを集積したもののうち、当該企業で秘密として管理され、公知となっていない有用なものは、営業秘密として不正競争防止法2条1項4号～10号による保護を受けます。もっとも、他社に提供し、共有され使用されるようなデータは「秘密として管理されている」（秘密管理性）といえるのか、「公然と知られていないもの」（非公知性）といえるのか微妙な問題があります。また、データを集積したものに技術的なプロテクションを掛けておけば、このような技術的なプロテクションを突破する行為は「不正アクセス行為の禁止等に関する法律」によって刑事罰の対象となる場合もあります。ただし、同法では民事上の請求権はありません。また、技術的なプロテクションを突破する装置やプログラムの提供は不正競争防止法2条1項17号・18号違反となる場合がありますが、プロテクションの突破自体は規制対象となっていません。

4　不法行為、契約によるデータの保護

集積されたデータの無断使用等については、民法709条に基づく不法行為に基づいて訴えるということも考えられます。先ほどの自動車情報データベースの事案では、著作権侵害は否定されたものの、不法行為による損害賠償が認められています（前掲・スーパーフロントマン事件）。ただし、民法709条の場合、人格権などの侵害のない限り差止めは認められませんので、データの無断使用について差止めを認めることはできません。この他、データ利用に関する契約を締結した当事者間であれば、データの漏洩について契約違反による債務不履行を根拠として損害賠償請求をすることなどが考えられます。しかし、契約による保護は、契約当事者以外の第三者（契約当事者の一方からデータをこっそりもらった会社など）には無力です。

5　不正競争防止法改正による限定提供データの保護

このように、集積されたデータについては、既存の著作権法や不正競争防止法の枠組みでは保護しにくいという問題がありました。そこで、欧州では、1996年の欧州指令でデータベースについて著作権とは別個の権利を付与するという方策を採用し、15年間に限って保護を認めることにしました。もっとも、この指令に対しては欧州でも賛否が分かれています（詳細は、盧立順美『データベース保護制度論』（2004）199頁を参照してください）。日本でも、1998年に通産省（当時）がデータベースについて独自の立法を検討していましたが実現に至りませんでした。しかし、その後、知的財産戦略本部の公表した『知的財産推進計画2016』においてビッグデータの保護の必要性が指摘されました。そして、2018年の不正競争防止法改正により限定提供データの保護制度が創設されました（不正競争防止法2条1項11号～16号）。

この制度での保護を受けるためには、①業として特定の者に提供され（限定提供性）、②電磁的方法で相当量蓄積され（相当量蓄積性）、③電磁的方法で管理されている（電磁的管理性）、④技術上または営業上の情報であることが必要とされます。

特定の者に提供されること（限定提供性）を要求しているのは、不特定の者に提供されているデータは法によ

る保護の必要がないためです。他方で、ビッグデータが複数の者に提供されて利用されること（例：船舶の運行データを運行管理会社や造船メーカーが利用するような場合）が予定されているため、営業秘密のような非公知性は要求していません。

次に、電磁的方法で相当量蓄積されることが要求されているのは、データがコンピュータ等で管理されているからこそ価値があり、法で保護する必要があると考えられているからです。

また、データの他人への提供が予定されているため、秘密管理性は要求せず、代わりに電磁的管理性が要求されています。具体的には、IDやパスワードによる認証などが必要とされています。そのような管理がなされていないデータも保護に対象になるとすると、利用者はどれが保護の対象となるデータかわからなくなるためです（より詳しくは、田村善之「限定提供データの不正利用行為に対する規制の新設について――平成30年不正競争防止法改正の検討」『年報知的財産法2018-2019』（2018）28-41頁）を参照してください）。

コラム⑩-3　損害賠償の計算

知的財産権を侵害された場合、侵害した人に対し、いくらの支払いを求めることができるのでしょうか。

交通事故などの民法上の不法行為（民法709条）の場合、相手に請求できるのは発生した損害を填補する金額です。そして、損害が発生したことは、請求をする側（被害者側）が証明しなければならないのが原則です。

ところが、知的財産権が侵害された場合、権利者にどのような損害が発生しているのかというのはよくわからないところがあります。たとえば、競業他社が自社の特許権を侵害した扇風機を大量に販売していた場合、自社には一体どのような損害が生じているのでしょうか。競業他社の販売がなかったら自社の製品が売れたと言えるのかは微妙です（消費者は他の扇風機を購入した可能性もあります）。常に損害の立証を特許権者に要求すると、侵害した方が得だということになり、特許権の意味がなくなってしまうかもしれません。

そこで、知的財産法では、特許権者の損害の額を推定する規定を設けました（特許権につき特許法102条、商標権につき商標法38条、著作権につき著作権法114条など）。以下では特許法102条を例に説明します。

第1に、被告の特許権侵害製品を販売した数量に原告の単位当たりの利益を乗じた額を損害と推定する規定があります（1項1号）。たとえば、原告の特許製品が1個当たり1万0000円の利益が出る場合で、被告が侵害品を100個販売したとします。そうすると、被告の販売で原告の特許製品が100個売れなくなったと考え、

1万0000円（原告製品の単位当たり利益額）×100個（被告の販売数量）＝100万円

を原告の損害と推定します。

なお、ここで言う「利益」とは、売上から原材料費、仕入費用、運送費等を引いたいわゆる限界利益を指します。売上の数量に応じて変動しない設備投資の費用や人件費などを引くことはできません。

もっとも、原告が売ることができたのは80個まであった場合には1万0000円×80個＝80万円となります。ただし、その場合、令和元年の特許法改正により、原告が販売できなかった20個に対し、後述する実施料相当額（例：70万円（20個分の売上）×10%（実施料率）＝7万円）を得られることが明記されました（1項2号）。

第2に、被告が得た利益を原告の損害と推定する規定もあります（2項）。被告の侵害品が利益額1個当たり7000円ならば、

7000円（被告の単位当たり利益額）×100個（被告の販売数量）＝70万円

を原告の損害と推定します。ただし、特許権者が発明をした後まったく実施しておらず、他人にも実施許諾していないなど、侵害行為がなかったとしても利益を得る可能性がなかった場合には推定は働きません。また、原告製品と被告製品の市場が異なる場合や、消費者が侵害品の特許発明以外の特徴に注目して購入していたという事情、被告のブランド力や宣伝広告で利益を得ていた等の事情があれば、全額の賠償は認められない場合があります（二酸化炭素含有粘性組成物事件：知財高判令元年6月7日）。

第3に、特許発明の実施により受けるべき利益（実施料相当額）の額を損害と推定する規定もあります（3項）。たとえば、侵害行為について特許権者から許諾を得るために売上高の10%を支払うのが妥当だとすると、

350万円（被告の売上）×10%（実施料率）＝35万

を原告の損害と推定します。これは、損害額の最低基準を定めたもので、特許権者やその許諾を得た者がその特許発明を実施しているかどうかにかかわりなく請求できるものです。もっとも、まったく使用しておらず一切の信用が蓄積されていない商標権を侵害した事案では、3項の賠償額が0円と算定された例もあります（小僧寿し事件：最判平9年3月11日）。

訴訟では、原告は1項1号、2項、3項のどれを主張しても構いません。ただし、1項1号を主張するために、原告は自分の製品の利益額を明らかにしなければならないことから、あまり利用しない傾向にあります。

18歳からはじめる知的財産法

11 デザインは法律上どう扱われるの?

設例 A君はマイボトルに自宅で飲み物を入れて、学校に持参しています。このマイボトルはT社製で形や模様のデザインが格好良く、友人からよく「どこで買ったの?」と聞かれるほど評判です。このデザインのボトルはよく売れていることでしょう。ふとA君は、それならいっそ、このT社のデザインを真似たボトルを自分で作ることは許されるのだろうか、という疑問をもちました。デザインって法律上どう扱われるのでしょうか?

1 デザインと意匠

⑴ **意匠登録** 製品のデザインについては**意匠法**という法律があり、この法律の中で製品デザインは「意匠」と呼ばれています。新しくて画期的な製品デザインを考えた場合、その会社は意匠登録の手続を行って**意匠権**[1]を取得します。意匠権は特許権と同様、**独占権**[2]ですから、他人が勝手にデザインを真似た製品を製造や販売したら意匠権の侵害になります。

設例の場合も、A君がもっているボトルの製造・販売会社であるT社がそのデザインを意匠登録していたら、他人は勝手に真似することはできません。他人が同じような製品デザインを真似することは違法であり、T社から意匠権の侵害として訴えられることもあります。

意匠権の範囲には類似範囲が含まれますから、まったく同じデザインだけでなく、よく似たデザインについても権利者に独占が認められます[3]。意匠登録したデザインを中心として権利に広がりが認められているわけですから、意匠権は非常に強力な権利ということになります。

もっとも、意匠登録の手続は強制ではありませんから、T社が意匠登録の手続を行わずに製造・販売を行うことは自由です。ただし、この場合T社は意匠権をもっていないわけですから、他人にデザインを真似されても意匠権の侵害を主張することはできません。

どのような製品もそうですが、売れるデザインを考え出すのは製造・販売会社にとっては大変な労力です。したがってビジネス社会では、多くの製品の特徴的なデザインが、他人に真似されることがないように意匠登録されています。

⑵ **あらゆる製品のデザインに成立する意匠** 意匠登録の対象になるのは、あらゆる種類の製品のデザインだと考えていいでしょう。設例に登場したボトルのデザインも意匠登録の対象になります。他にもボールペンや洋服、食器、家具はもちろんのこと、ロボットや自動車も製品である以上、そのデザインは意匠登録の対象になります。

➡1 意匠権も知的財産権の一種であり、特許権・実用新案権・商標権とともに特許庁が管轄しています。これら4つの権利は《産業財産権》と総称されることもあります。そして、産業財産権に著作権(文化庁の管轄)などを加えたものが全体として知的財産権を構成しています(本書❶参照)。

➡2 意匠権や特許権などの知的財産権は独占権であって、独占禁止法の例外とされています(独占禁止法21条)。新たな意匠や発明などは、独占を禁止するのではなく逆に独占を保証することによって創作意欲を高めることができ、その結果、産業の発達を促すことができるからです。

➡3 本書⓭参照。

また、現在では建物の外観や内装のデザイン[4]、さらにはデジタル画面の画像デザインなども意匠登録の対象になっています[5]。こう考えると私たちは普段、意匠登録に囲まれて生活しているようなものです。

➾4 本書⑬参照。

➾5 本章2参照。

2 意匠法上の意匠（デザイン）とは

製品のデザインは意匠登録の対象になると説明しましたが、それではここでいう「デザイン」とは具体的にどのようなものか、もう一歩踏み込んで考えてみましょう。一言でデザインといっても、製品の模様もあれば製品自体の形もあります。では、この「模様」や「形」とは法律上どのような概念として把握されているのでしょうか。

意匠法では、意匠の概念を定義する規定を設けています（意匠法２条１項）。この定義規定によれば、**意匠**とは「物品の形状、模様若しくは色彩若しくはこれらの結合（以下「形状等」という。）、建築物の形状等又は画像であって、視覚を通じて美感を起こさせるもの」をいいます。

この「意匠」の定義に該当しないものはそもそも意匠登録されないわけですから、意匠の定義の内容を正確に知っておくことは重要です。そこで、意匠として定義されている概念を分解し、以下では、①物品、②建築物、③形状等、④画像、⑤視覚性、⑥美感のそれぞれについて解説します。

⑴ **物　品**　一般に意匠は製品デザインであると捉えられていますが、製品は意匠法では「物品」と表現されます。そして、ここにいう**物品**[6]とは有体物のうち、定形性のある動産を意味すると解釈されます。

まず、有体物でなければ意匠法上の物品とはいえません。有体物とは、一般には固体・液体・気体のことを指しますが、この中で気体と液体は固有の形状等を有しておらず定形性がありませんから意匠法上の物品とは認められません。したがって、ここにいう有体物とは固体のみを意味し、意匠法上の物品といえるためには固体でなければならないということになります[7]。

そして、動産であることが要件ですから、土地や建物などの不動産は「物

➾6 **物　品**
民法では、「物」とは有体物をいうと規定されており（民法85条）、物には動産と不動産の両方が含まれます（民法86条）。これに対し、意匠法上の「物品」は動産のみを指すので、民法上の「物」よりも概念的に狭いということになります。

➾7 特許庁『意匠審査基準』第Ⅲ部第１章2.1 ⑵ ②。

コラム⑪-1 意匠（デザイン）の例

下に示したのは、ボトルの意匠登録の例です。機能が同じ製品であっても、優れたデザインが施されている方がよく売れます。したがって、製品のデザインを意匠登録し、製造や販売などの独占を確保しておくことは、ビジネス社会では非常に重要です。

意匠公報（意匠登録第1649945号）より抜粋
（意匠権者：タイガー魔法瓶株式会社）

その他、様々な製品のデザインが意匠登録の対象になります。

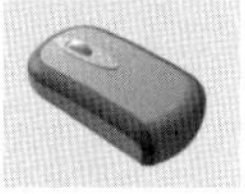

【意匠に係る物品】電子計算機用マウス

【意匠に係る物品】コーヒーカップ

出願意匠：ごみ箱

出願意匠：帽子

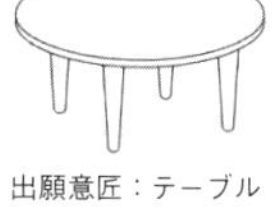

出願意匠：テーブル

【意匠に係る物品】
乗用自動車

出願意匠：包装用容器

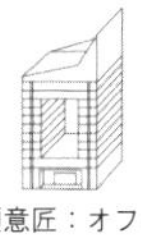

出願意匠：オフィス

いずれも特許庁「意匠審査基準」より抜粋（色彩は省略）

品」には該当しません。ただし、最終的に使用時には不動産となるものであっても、工業的に量産され、販売時に動産として取り扱われるものであれば物品と認められます。たとえば、門や組立てバンガローのようなものは、販売の段階では動産ですから意匠法上の物品に該当します。

そして、従前は意匠法上の「物品」の概念として、独立して取引の対象となることが要件と考えられていました。たとえば、「靴下」の一部である「靴下のかかと」部分は、通常、靴下から切り離して市場で流通するものではないため「物品」に該当せず意匠登録することはできませんでした。

しかし、1998（平成10）年の意匠法改正により、「物品」には「物品の部分を含む」ことが明記されました（意匠法2条1項括弧書）。これにより**部分意匠**制度が導入され、独立して市場で流通しないような「靴下のかかと」部分（物品の部分）についても現在では意匠登録が可能になっています。

ただし、部分意匠について意匠登録を受けようとする場合は、意匠登録を受けようとする部分とその他の部分の境界が明確でなければならないなど所定の要件を満たす必要があります[8]。

設例のボトルについていえば、通常はボトル全体を対象として意匠登録します。販売するときはボトル全体が1つの商品だからです。しかし、設例のT社がボトルのフタ部分を除いたボディ部分のみの形状・模様を観念的に取り出し、部分意匠として意匠登録している可能性があります。このような場合、他人が登録対象となっているボディの部分（物品の部分）を勝手に真似したら、たとえボトルのフタの部分のデザインがまったく異なっているとしてもT社の意匠権を侵害したことになります。

⑵ **建築物**　2019（令和元）年の意匠法改正で「建築物」の形状等が意匠の定義の中に追加されました。したがって、建築物の外観のデザインについても意匠登録することができるようになっています。意匠登録されていれば、同じようなデザインの建築物を他人が勝手に建てたら意匠権の侵害となります。

意匠法上の「建築物」の概念は、建築基準法で定義されている用語の意味よりも広く捉えられています[9]。つまり、意匠法上の「建築物」とは、①土地の定着物であること、②人工構造物であること（土木構造物を含む）という2つの条件を満たすものを意味しています[10]。たとえば、美術館の工夫を凝らした外観デザインや、オフィスビルの特徴的な外観デザインも意匠登録が可能であり、意匠権を取得することができます[11]。

なお、2019年意匠法改正で**内装**も意匠登録の対象になっています（意匠法8条の2）。ここにいう「内装」とは、店舗、事務所その他の施設の内部の設備および装飾のことです。この内装を構成する物品、建築物または画像に係る意匠が意匠登録の対象になります。内装を構成する物品の例としては、壁の装飾やテーブル、イスといった家具など様々なものが考えられますが、内装全体として統一的な美感を起こさせるようなデザインであれば内装全体を意匠登録することができます。このため、レストランの内装がジャングルをイメージしたような特徴的なデザインである場合、その内装を構成する壁紙、テーブル、イス、樹木の装飾物などのデザインを全体の配置を含めて意匠登録することが可能です[12]。

⑶ **形状等**　既に説明したように、物品や建築物の形状等（形状、模様も

➡8　特許庁『意匠審査基準』第Ⅲ部第1章2.5。

➡9　**建築物**
建築基準法は第2条1号で「建築物」の用語の意義を「土地に定着する工作物のうち、屋根及び柱若しくは壁を有するもの〈…〉これに附属する門若しくは塀、観覧のための工作物又は地下若しくは高架の工作物内に設ける事務所、店舗、興行場、倉庫その他これらに類する施設〈…〉をいい、建築設備を含むものとする。」と規定しています。

➡10　特許庁『意匠審査基準』第Ⅳ部第2章3.1。

➡11　建築物の意匠としては、他にも店舗用ビル、百貨店、戸建て住宅、ホテル、工場、可動橋、ガスタンク、電波塔などの外観デザインがあります。

➡12　内装に関する意匠としては、他にもホームセンターの内装、衣料品店の内装、自動車ショールームの内装、ゲームセンターの内装、ホテルの客室の内装、住宅用リビングの内装、学校用教室の内装、病室の内装、地下鉄用プラットフォームの内装などを構成する物品、建築物または画像に係る意匠があります。

しくは色彩またはこれらの結合）は意匠を構成します。

この**形状**とは物の形やありさまを意味し、立体的形状と平面的形状があります。**模様**とは、点、線、面または色彩などによって表された装飾的構成をいい、**色彩**とは色・いろどりを意味します。

ここで「模様」について特に問題になっていたのは、物品などの上に表示されている文字が模様を構成するか、つまり、文字が表示された意匠について文字を含めた登録が認められるかどうかです。文字を含めて意匠登録すると、その文字が表す意味にまで独占権が付与されたような誤解が生じる危険があることから問題になります。

この点に関して、裁判例は「元来は文字であっても模様化が進み言語の伝達手段としての文字本来の機能を失なつているとみられるものは、模様としてその創作性を認める余地がある」として、その文字が言語の伝達手段としての機能を失うほどに模様化されているか否かを基準としました（CPU NOODLE事件：東京高判昭55年３月25日、最判昭55年10月16日）。

文字を模様との関係でどのように取り扱うかに関しては、特許庁の意匠審査基準の改正等が1994年に行われており、現在では文字は原則として意匠を構成するものとして扱うが、もっぱら情報伝達のためだけに使用されているものは模様とは認められず意匠を構成しないことになっています[13]（ただし、出願した意匠から削除する必要はありません）。

[13] 特許庁「意匠審査基準」第Ⅲ部第１章3.2.9。

ところで、模様や色彩については単独で意匠を構成しないと考えられています。物品や建築物には必ず形状がありますから、模様や色彩は常に形状との組み合わせの意匠として把握されます。したがって、形状、模様、色彩の結合意匠としては、①形状のみの意匠、②形状・模様が結合した意匠、③形状・色彩が結合した意匠、④形状・模様・色彩が結合した意匠の４通りがあることになります。

なお、物品や建築物には、透明の場合を除いて何らかの色彩がついていますが、意匠の構成としては色彩を捨象し、形状を抽象化して把握することが

コラム⑪-2　意匠法の改正〈1〉保護対象について

改正された新しい意匠法が、2020（令和２）年４月１日から施行されています（令和元年意匠法改正）。日本で初めて意匠制度（意匠条例）が制定されたのは、今から130年以上前の1888（明治21）年のこと。今回の意匠法改正は、制度の制定以来の大改正といわれています。

従来、意匠法上の意匠は、あくまでも物品に関する形状等に限られていました。つまり、物品を離れた観念的なデザインは意匠法の保護対象ではなく、意匠登録が認められていなかったのです。また、「物品」に関するものに限られる以上、不動産は意匠登録することはできませんでした。

しかし、画像については近年、IoTなどの普及によって個々の機器がネットワークでつながり、たとえばデジタル画像で構成される操作ボタンのようなものが重要性を増しています。また、インターネットやスマートフォンの普及を背景に、インターネット上のショップなどが発展しているという現状があります。

このような状況の中で、商品やサービスを提供する側は、ウェブデザインに多額の投資を行っていることから、画像デザインを他人に真似されないよう独占権を認める必要が生じてきたのです。

また、建築物については空間デザインを重視する観点から店舗などの外観や内装に工夫を凝らすケースが増えています（本書⑬参照）。

そこで、今回の改正では意匠法の保護対象である「意匠」の概念が拡充され、物品の枠組みを超えて、無体物である「画像」、不動産である「建築物」や「内装」も保護対象に加えられました。

できます。そのため、色彩を構成に含まない、①形状のみの意匠や、②形状・模様が結合した意匠もありえることになります。

(4) **画　像**　2019(令和元)年の意匠法改正により「画像」が意匠の定義の中に追加され、物品や建築物から離れた画像自体を意匠登録することができるようになりました。ただし、すべての画像が意匠として認められるわけではなく、機器の操作の用に供されるもの(**操作画像**)または機器がその機能を発揮した結果として表示されるもの(**表示画像**)に限られます。

操作画像としては、たとえば操作ボタンとして機能するアイコンのデザインがあります。また、表示画像としては、たとえば血圧計の測定結果の表示画像のデザインがあります。

(5) **視覚性**　意匠とは、「視覚」を通じて美感を起こさせるものをいうと規定されていますから、視覚に訴えないものは意匠とは認められないことになります。視覚に訴えるものとは、意匠全体の形状等が肉眼によって認識することができるものを意味します。

したがって、肉眼で観察することができないくらい形状等が微小なものは意匠には該当しないのが原則です。しかし、取引の実情としてその形状等を拡大鏡で拡大して観察したり、拡大図をカタログに掲載したりするようなことが通常である場合は視覚性を有するものと扱われます。

(6) **美　感**　意匠法上、意匠は視覚を通じて「美感」を起こさせるものと規定されていますから、美感を起こさせるとはいえないものは理論的には意匠とは認められないことになります。

美感を起こさせるとはいえないものの例としては、①機能、作用効果を主目的としたもので、美感をほとんど起こさせないもの、②意匠としてまとまりがなく、煩雑な感じを与えるだけで美感をほとんど起こさせないものをいうと説明されています[14]。

なお、ここにいう「美感」は美術品のように高尚な美を要求するものではなく、何らかの美感を起こさせるものであれば足りるとされています。したがって、実際上、美感を起こさせるとはいえないとして意匠の成立性が否定されるケースはほとんどないといえます。

3　意匠法上の意匠に該当しないものの例

ここまで、意匠法上の意匠とはどのようなものであるかをみてきました。以下では、逆に意匠に該当しないものの具体例を掲げていきます。意匠に該当しないものを知って、裏から意匠法上の「意匠」をイメージしてみましょう。

(1) **物品または建築物を離れたデザイン**　具体的な物品や建築物を離れた形状等を抽象的に意匠登録することはできません[15]。たとえば、対象となる物品を特定しないキャラクターのデザインなどです。キャラクター自体は著作権法上の保護を受けることがありますが、キャラクターを意匠登録するのであれば、Tシャツの模様、スマートフォンケースの模様というように対象を特定する必要があります。

ただし、画像の意匠登録については、操作画像または表示画像に該当するものであれば、表示する物品を特定することなく意匠登録することが可能です。

14　特許庁『意匠審査基準』第Ⅲ部第1章2.4(2)。

15　特許庁『意匠審査基準』第Ⅲ部1章2.1。

(2) **物品に該当しないもの**　夜空に広がる花火の光などは無体物であるため意匠登録することはできません。有体物でなければ「物品」とはいえないからです。

また、砂糖や塩などの粉状物、粒状物などは、一粒一粒は有体物（固体）ですが、その集合体としては特定の形状等を有さないため「物品」ではなく意匠登録することができません。ただし、角砂糖など集合したものが固定した形状等を有するものは意匠登録が可能です[16]。

(3) **物品自体の形状等とはいえないもの**　たとえば、カフェラテの表面のミルクにコーヒーで描いた模様は、物品自体の形状とはいえず、その形状等を維持することができないため、カップ入り飲料の意匠として意匠登録することはできません。

同様に、ハンカチを販売する際の陳列用にハンカチを花の形に折りたたんだ形状は、ハンカチの形状として意匠登録することはできません。ただし、花の形の圧縮タオルで、水に浸すことで通常のタオルになるような商品は、その形状を維持することができることから意匠登録が可能です[17]。

(4) **視覚性を有しないもの**　たとえば、裁縫針に施された模様であって肉眼では観察できないくらい細かなデザインは、意匠登録することができません。肉眼で認識できないものは意匠としての視覚性を有しないからです[18]。

(5) **操作画像または表示画像に該当しない画像**　たとえば、ゲームや映画の特定の場面の画像といったコンテンツは意匠登録することができません。これらは、操作画像（つまり機器の操作の用に供されるもの）または表示画像（つまり機器がその機能を発揮した結果として表示されるもの）に該当しないからです。

16　特許庁『意匠審査基準』第Ⅲ部第１章2.1（2）③。

17　特許庁『意匠審査基準』第Ⅲ部第１章2.2（2）。

18　特許庁『意匠審査基準』第Ⅲ部第１章2.3。

コラム⑪-3　意匠の視認性

意匠法２条１項は「意匠」を「視覚を通じて美感を起こさせるもの」と定義しているため、肉眼で認識できないものは意匠法上の意匠に該当しないと解釈されています。

この点について、大きさが1㎜前後の小さな接続端子（電気部品）の視覚性が争われたコネクター接続端子事件（東京高判平18年3月31日）があります。

この事件の判決では「意匠に係る物品の取引に際して、当該物品の形状等を肉眼によって観察することが通常である場合には、肉眼によって認識することのできない形状等は、『視覚を通じて美感を起こさせるもの』に当たらず、意匠登録を受けることができないというべきである。しかし、意匠に係る物品の取引に際して、現物又はサンプル品を拡大鏡等により観察する、拡大写真や拡大図をカタログ、仕様書等に掲載するなどの方法によって、当該物品の形状等を拡大して観察することが通常である場合には、当該物品の形状等は、肉眼によって認識することができないとしても、『視覚を通じて美感を起こさせるもの』に当たると解するのが相当である。」と述べています。そして「本願意匠に係る物品『コネクター接続端子』においては、その取引に当たり、物品の形状等を拡大して観察しているということはできないから、その形状は、肉眼によって認識することができると認められない限り、意匠法により保護される意匠には当たらないと解すべきである。」と判断されました。

この判決に従えば、取引の際に拡大観察するのが通常といった特殊な事情がない限り、肉眼で認識できないくらい小さなものは意匠法上の意匠に該当しないということになります。

18歳からはじめる知的財産法 **12**

デザインはどうやって意匠登録するの？

設例　Bさんは、大学の友人たちと一緒にメガネのフレームを作るベンチャー企業を立ち上げようと計画しています。このメガネは、耳に掛けるテンプル（つる）の形状が画期的なデザイン。発売後、他社にこの製品を真似されないように権利を取得しておきたいのですが、機能自体は普通のメガネなので特許は取れそうにありません。でも、このメガネフレームの"売り"はデザインの方。デザインならば意匠登録できると聞いたのですが、どのような手続が必要なのでしょうか？

1　意匠登録に向けて

設例のBさんたちのベンチャー企業がメガネフレームのデザインを意匠登録すれば意匠権を取得することができ、自社がそのデザインのメガネフレームの製造や販売を独占することができます。メガネフレームのデザインも「物品の形状、模様若しくは色彩又はこれらの結合であって視覚を通じて美感をおこさせるもの」に該当しますから、⓫で学んだように意匠法上の「意匠」であり、意匠登録の対象になるわけです。

意匠登録するためには、特許庁に意匠の申請をする必要があります。この申請のことを正式には**意匠登録出願**といいます。もっとも、意匠登録出願したものがすべて意匠登録されるわけではありません。意匠登録されるためにはいくつかの要件をクリアしなければなりません。この意匠登録の要件は、意匠法の中に規定されています。たとえば、すでに世の中に存在するようなデザインに該当すれば意匠登録されませんし、他人が先に意匠登録しているデザインと同じようなものについても意匠登録は認められません。

特許庁には意匠担当の審査官がいて、意匠登録出願されたデザインを審査します。意匠法の中に規定されている要件をすべて満たしているかどうか審査するわけです。この特許庁の審査を無事クリアすれば、特許庁に登録料を納付して意匠権を取得することができます。

なお、出願などの意匠登録に向けての手続は非常に専門的です。このため、手続を代理してくれる専門家として**弁理士**[1]がいます。弁理士は意匠登録だけでなく、特許や商標登録なども扱う知的財産の専門家です。

弁理士に代理を依頼するにしても手続の流れを理解しておいた方が弁理士との打ち合わせがスムーズになりますから、意匠登録に向けての手続全体の流れを把握しておくことは大切です。また、弁理士に依頼せずに、設例のBさんたちは自身で意匠登録に向けての手続を行うことも可能です。この章では、意匠登録に向けての手続の概要を学びましょう。

➾1　弁理士は国家資格者で、特許権、実用新案権、意匠権、商標権などの知的財産権に関する専門家です。

2　意匠登録出願

⑴　**先行意匠調査**　出願する前段階の準備として、先行意匠調査を行うことが多いといえます。既に同じようなデザインが他人によって意匠登録されている場合は、出願しても審査段階で拒絶されますから、結局、出願自体が無駄になってしまいます。このため、出願に先立って同じようなデザインがすでに登録されていないかをデータベースを用いて調査するわけです。

もちろん、データベースですからデータ収録にはタイムラグもありますし100％の調査結果を得ることはできません。しかし、同じものがみつかれば無駄な出願を避けることができますから、調査しておくべきでしょう。

先行意匠調査のデータベースとしては、**特許情報プラットフォーム**(J-PlatPat)[2]があります。このデータベースは無料で利用することができます。なお、精度の高い意匠調査をするためには専門的なテクニックが必要であり、この段階から弁理士に依頼するのが一般的です。

⑵　**出願手続**　先行意匠調査の結果、同じようなデザインが先に出願されていないことが一応確認できたら、意匠登録出願のための願書などを作成し、特許庁へ出願手続を行います。この願書は正式には**意匠登録願**といい、所定の書式が定められています。出願の際の印紙代は１万6000円です[3]。

「意匠登録願」には、意匠の創作者や出願人の氏名（名称）、住所などを記載します。また、「意匠に係る物品」も記載します。設例の場合、Bさんたちのベンチャー企業が法人登記されているのであれば、出願人としてその法人の名称や住所を記載することになるでしょう。また設例の場合、「意匠に係る物品」には「眼鏡」や「眼鏡用テンプル」と記載することができます。

願書には意匠が明確にわかるように図面を添付します[4]。この図面は意匠権の権利内容を構成するものですから非常に重要です。意匠が立体の場合、その立体がわかるように６方向からみた六面図（つまり、正面図、背面図、左側面図、右側面図、平面図および底面図）を各図同一の縮尺で作成します。さら

➡2　J-PlatPatは、経済産業省所管の独立行政法人工業所有権情報・研修館が管理・提供しているデータベースです。このデータベースには、特許・実用新案、意匠、商標、審判に関する情報が収録されています。

➡3　弁理士を代理人として意匠登録の手続を行う場合は、特許庁に納付する印紙代の他、弁理士に支払う手数料が必要になります。依頼する内容や手続きの流れによって弁理士の手数料は大きく変動するため、事前に必ず弁理士に確認する必要があります。

➡4　意匠登録出願の図面をCG（コンピューターグラフィック）で作図することもできます。また、図面に代えて写真を添付することも可能です（この場合、意匠の内容がわかるように、六面図などに対応する写真が必要になります）。

資料⑫-1　意匠登録手続の流れ

意匠登録に関する手続の流れをフローチャートで示すと次のようになります。

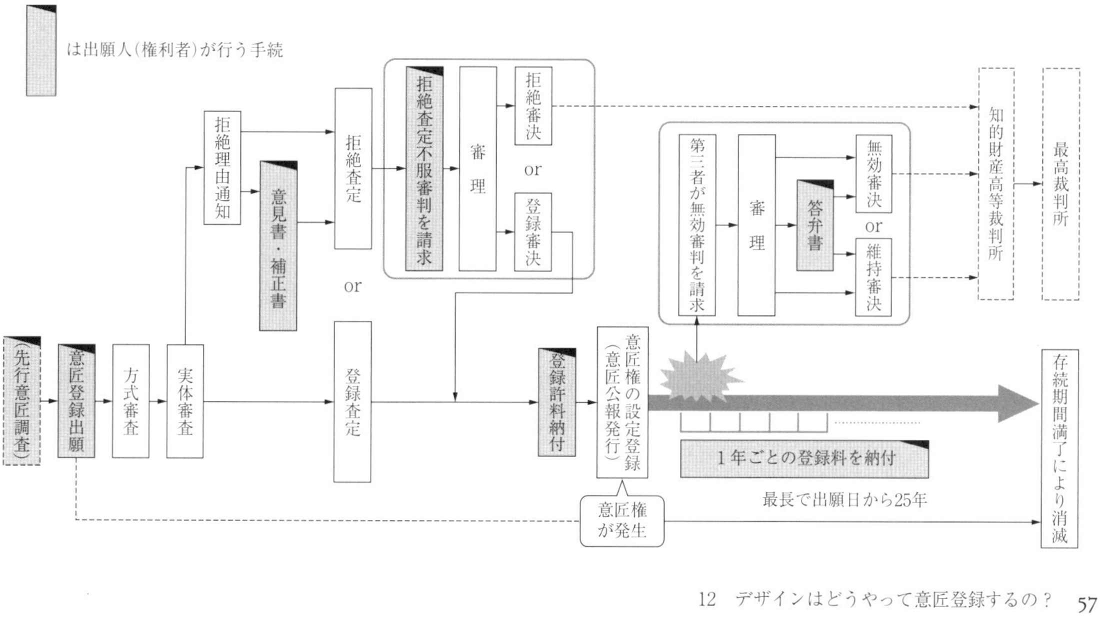

に必要に応じて斜視図や断面図なども加えます。

出願は書類を郵送などして提出する方法と、インターネットを用いて電子出願する方法があります。特許庁への出願手続が完了すれば出願人側としては一段落です。

3 特許庁の審査

⑴ **方式審査**　特許庁では出願があった場合、まず**方式審査**を行います。この方式審査とは、出願書類の形式面をチェックする審査です。

形式に不備がある場合、特許庁から出願人に補正指令が発せられ、審査官が指定した指定期間内であれば、出願人は補正書を提出して出願内容を訂正することができます。指定期間内に補正書を提出しなかった場合、出願は却下されてしまいます。

⑵ **実体審査**　方式審査の後、特許庁は**実体審査**を行います。この実体審査が本格的な内容審査です。つまり、意匠法に定められている意匠登録の要件をすべて満たしているか否かを意匠担当の審査官が審査するわけです。

実体審査の結果、意匠登録の要件をすべて満たしていると判断された場合、特許庁から出願人（または代理人）に「登録査定」が送られてきます。登録査定が届いたら特許庁の審査を無事通過したということです。

これに対し、審査官による実体審査の結果、意匠登録の要件を満たしていないと判断された場合、審査官は最終処分としての「拒絶査定」を送る前に、出願人（または代理人）にまず**拒絶理由通知**を送付します[5]。

この拒絶理由通知が送られてきた場合、そのままにしておくと拒絶査定になりますから、出願人側は意見書や補正書を提出し、審査官の拒絶の判断に反論します。意見書などによる反論が認めれば「登録査定」が発せられますが、審査官が出願人側の反論を認めない場合は、最終的に「拒絶査定」になります。

審査官から拒絶査定がきた場合、特許庁の審査段階としては意匠登録が認められなかったということになります。しかし、この拒絶査定に対しては、審査の上級審である「審判」に不服を申し立てる途が用意されています[6]。これを**拒絶査定不服審判**といいます（意匠法46条）。審査官からの拒絶査定を受けてから３カ月以内にこの審判を請求すると、特許庁内で３名または５名の審判官が合議で再審査してくれます。そして、この審理の結果、登録審決または拒絶審決の判断が下ります。

⑶ **登録要件の内容**　上述のように、実体審査では意匠法に定められている意匠登録要件を満たしているか否かが判断されます。この「登録要件」とはどのようなものなのでしょうか。以下に、主要な登録要件を掲げて簡単に説明します。

▶**工業上利用できる意匠であること（意匠法３条１項柱書）**　出願されたものが、意匠法上の意匠に該当し、かつその意匠が工業的に量産可能なものでなければ意匠登録を受けることはできません。意匠法上の意匠とはどのようなものであるかは⓫で詳しく学んだと思います。

工業的に量産できない意匠とは、たとえば盆栽のように自然物を主体にした意匠や、一品物の絵画そのもののように純粋美術の分野に属する著作物などです[7]。これらは工業的に量産することができず、産業発達に結びつかな

➾5　出願した後、特許庁から登録査定や拒絶理由通知といった審査結果が届くまで、通常は６カ月程度かかります（2019年の平均）。なお、特許庁ではホームページで「意匠審査スケジュール」を公表しており、これをみればすでに出願した案件が特許庁でいつ頃審査されるか把握することができます。

➾6　特許庁の「審判」には、拒絶査定不服審判の他にもいくつかの種類があります。たとえば、意匠登録の無効審判は、いったん発生した意匠権を消滅させるために他人が特許庁に請求する審判です（意匠法48条）。無効審判が請求されると、請求人（他人）と意匠権者が審判の中で登録の有効・無効を争い、審判官が最終的な判断（審決）を下します。

➾7　本書❷参照。

いため[8]、意匠法による保護に値しないからです。

▶新規性を有する意匠であること（意匠法3条1項各号）　出願の時点で既に世の中に存在する意匠（市場で販売されている意匠や、刊行物やインターネットに掲載されている意匠など）と同一または類似する意匠は意匠登録を受けることができません[9]。既に世の中に存在するような意匠は新たな需要を喚起せず、独占権を付与するとかえって産業の発達を阻害するからです。

▶創作非容易性を有する意匠であること（意匠法3条2項）　創作非容易性とは、そのデザイン分野の専門家（当業者）が容易に創作できないくらい画期的であるということです。つまり、たとえ新規性がある意匠であっても、当業者が簡単に思いつくようなものであれば独占権の付与に値しないため、意匠登録は認められません。

▶先願に係る他人の意匠の一部と同一または類似の意匠でないこと（意匠法3条の2）　他人によって先に意匠登録出願され、かつ登録になった（意匠公報に掲載された）意匠の一部と同一または類似の意匠は、意匠登録を受けることができません。新しい意匠を創作したものとはいえないからです。

▶不登録事由に該当する意匠でないこと（意匠法5条）　公序良俗[10]に反するような意匠や、他人の業務に係る物品、建築物、画像と混同を生じるおそれがある意匠などは公益的見地から意匠登録されないことになっています。

▶意匠ごとに出願された意匠であること（意匠法7条）　意匠ごとに出願されていないもの、つまり1件の出願の中に複数の意匠がまとめて記載されているような場合は、意匠登録が認められません。

ただし、複数の物品などであっても、所定の要件を満たしている場合は「組物（くみもの）の意匠」として意匠登録が認められることがあります。また、複数の物品などから構成される内装の意匠について、所定の要件を満たしている場合は、一意匠として意匠登録が認められることがあります。

▶先願に係る意匠であること（意匠法9条）　同一または類似の意匠について2以上の出願があった場合、最先の出願人の出願（同日のものはいずれか一

[8]　意匠法の1条は、「この法律は、意匠の保護及び利用を図ることにより、意匠の創作を奨励し、もつて産業の発達に寄与することを目的とする」と定めています。

[9]　出願する前に自分自身が製品販売などを行っても、原則として新規性は失われるので注意が必要です。ただし、出願人自身の行為に起因して新規性を喪失した場合は例外規定があり、新規性喪失から1年以内に所定の手続に従って出願した場合には救済されます（意匠法4条）。

[10]　**公序良俗**
「公の秩序、善良の風俗」を略したものです。意匠登録の場合、他国の国旗や他人の肖像をあしらったもの、わいせつ物を表したものなどが公序良俗に反するとされます。

資料⑫－2　意匠公報の例

(19)【発行国・地域】日本国特許庁（JP）
(45)【発行日】平成31年2月12日（2019. 2. 12）
(12)【公報種別】意匠公報（S）
(11)【登録番号】意匠登録第1624144号（D1624144）
(24)【登録日】平成31年1月18日（2019. 1. 18）
(54)【意匠に係る物品】炊飯器
(52)【意匠分類】C5-41211
(51)【国際意匠分類】Loc（11）Cl. 7-02
【Dターム】C5-41211BB
(21)【出願番号】意願2018-9428（D2018-9428）
(22)【出願日】平成30年4月27日（2018. 4. 27）
(72)【創作者】
【氏名】石川　慎二
(73)【意匠権者】
【識別番号】000003702
【氏名又は名称】タイガー魔法瓶株式会社
【審査官】北代　真一

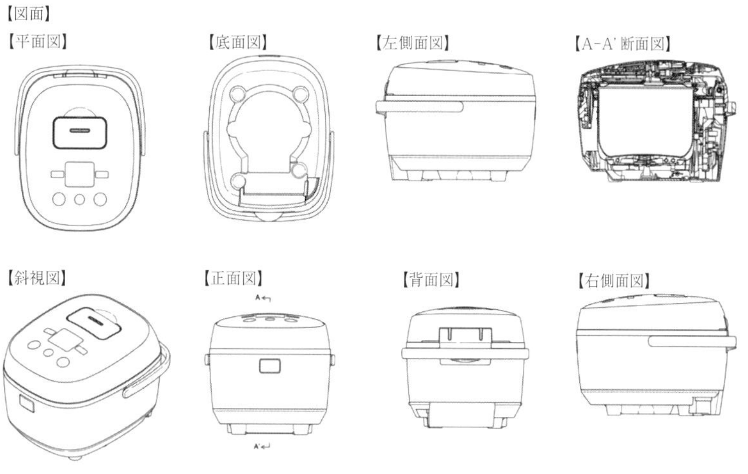

（意匠登録1624144号　意匠権者：タイガー魔法瓶株式会社）

方）のみが意匠登録されます。重複するデザインの意匠については、出願日の早い者勝ちのシステムが採られており、これを「先願主義」といいます。

4　登録手続

実体審査を無事通過し、出願人（または代理人）に「登録査定」の書面が送られてきた場合、その送達日から30日以内に登録料を納付すれば特許庁において意匠登録され意匠権が発生します（意匠法20条）。なお、意匠登録されると、権利者の氏名（または名称）、図面の内容などを掲載した意匠公報が発行されます。

意匠権は最長で出願日から25年間存続させることができます[11]（意匠法21条）。意匠権は登録によって発生しますが、意匠権の終期の起算点となるのは出願日ですので、注意が必要です。

意匠権を維持するためには、2年目以降も1年ごとの登録料を特許庁に納付することが必要です。登録料は数年分をまとめて納付することもできます。なお、登録料の金額は、第1年から第3年までは毎年8500円、第4年から第25年までは毎年1万6900円です（意匠法42条）。

➡11　従来、意匠権の存続期間は「登録日から20年」でしたが、2019（令和元）年の意匠法改正によって「出願日から25年」に改められました。これにより、重要な製品のデザインについて、長期間にわたる意匠権の保護を受けることが可能になりました。

5　特殊な意匠登録

ここまで意匠登録に向けた手続を説明してきましたが、意匠登録制度の中には、物品などのデザインを保護するという制度の性質上、特殊な意匠登録があります。以下、特殊な意匠登録を列挙し、各々を簡単に説明します。

⑴　**部分意匠**　⓫で学んだように、意匠は物品や建築物の部分についても成立しますから（意匠法2条1項）、この部分のみを意匠登録することが可能です。これを**部分意匠**と呼んでいます。部分意匠の図面を作成する場合、意匠登録を受けようとする部分を実線で描き、その他の部分を破線で描きます。

設例のメガネフレームもテンプル部分に特徴があるわけですから、願書の「意匠に係る物品」に「眼鏡」と記載し、図面についてはテンプル部分を実線で、眼鏡のその他の部分を破線で描き、部分意匠として出願をすることができます。

⑵　**動的意匠**　たとえば、びっくり箱や屋根が開閉する野球場は形状が変化する**動的意匠**であり、その変化の前後について意匠登録を受けることができます（意匠法6条4項）。この場合、願書にその機能を記載し、変化の前後がわかるように図面を作成します。

なおメガネもテンプル部分が動きますが、変化前後の状態が容易に予測できますから、動的意匠として出願する必要はないでしょう。

⑶　**組物の意匠**　同時に使用される2以上の物品や建築物または画像であって**省令**[12]で定められているものを**組物（くみもの）**といいます。この組物の意匠に全体として統一があるときは、まとめて「一意匠」として意匠登録を受けることができます（意匠法8条）。出願にあたっては、組物を構成する各物品等のそれぞれの六面図や、全構成物品等が組み合わされた状態の図面を添付します。

➡12　経済産業省令としての意匠法施行規則の別表に、組物と認められるものの一覧が掲載されています。たとえば、「一組の飲食用容器セット」「一組の事務用品セット」「一組の建築物」など43種類のセットが掲げられています。

⑷　**関連意匠**　最初に出願した後、デザイン変更して新しい意匠が生まれることがあります。デザイン変更ですから最初の意匠に類似しています

が、確実に意匠権を確保しておくためにデザイン変更後の新たな意匠を登録したいと考えるケースが多いでしょう。

このような場合に利用できるのが**関連意匠制度**（意匠法10条）です。最初の意匠を「本意匠」といい、本意匠の出願日から10年以内であればデザイン変更後の新たな意匠を関連意匠として出願することができます。関連意匠をさらにデザイン変更した場合、関連意匠の関連意匠という形で意匠登録することが可能です。

設例のメガネフレームも、最初の出願後のデザイン変更を関連意匠として次々に意匠登録することができます。

(5) **秘密意匠**　出願人が意匠権の登録日から最長３年間を指定して秘密を請求すれば、その期間意匠は意匠公報に掲載されず秘密と扱われます（意匠法14条）。出願時または第１年分の登録料の納付と同時であれば請求可能です。

これによってライバル会社など他人に自社のデザイン傾向を知られてしまうことを回避することができます。設例のＢさんのベンチャー企業も、メガネフレームの発売時期よりも前にテンプルのデザインが意匠公報に掲載されてしまうことを避けるため、秘密を請求することができます。

コラム⓬-1　意匠法の改正〈2〉関連意匠について

コラム⓫-2で説明したように、2020（令和２）年４月１日から新しい意匠法が施行され（令和元年意匠法改正）、この改正法によって関連意匠制度が拡充されています。

関連意匠制度は、1998（平成10）年に意匠法の中に創設され、その後、出願期間について2006（平成18）年に改正された制度です。

この制度では、最初の意匠（これを「本意匠」といいます）を出願した後、デザイン変更して生まれた本意匠に類似する意匠を、関連意匠として登録することができます。デザイン開発の中で生まれるデザインバリエーションを適切に保護することが目的です。

しかし、従来の制度では、関連意匠の出願可能期間が本意匠の意匠公報発行前までに限定されており、事実上、本意匠の出願から約８カ月以内でなければ関連意匠の出願をすることができませんでした。また、関連意匠をさらにデザイン変更し、本意匠には類似しないが関連意匠には類似するといった新デザインを、関連意匠の関連意匠として出願することは認められていませんでした。これでは、長期にわたって次々と生み出されるデザイン変更によるバリエーションを広く意匠登録することができません。

そこで改正法では、最初に選択した本意匠（基礎意匠）の出願日から10年以内であればデザイン変更後の新たな意匠を関連意匠として出願することができ、また関連意匠をさらにデザイン変更した場合、関連意匠の関連意匠という形で意匠登録することが可能になっています。

13 よく似たデザインの創作はどこまで許されるの？

設例 Aさんは、講義の予習のために友人と学校の近くのカフェに行きました。そこで友人が変わったデザインのペンを手にしているのをみかけたのですが、これも意匠登録されているのか気になりました。考えてみたら、ペンはどれも同じような形をしています。他のメーカーが似ているペンを製造・販売することもあると思うのですが、よく似たデザインの製品はどこまで許されるのでしょうか？　そういえば、このカフェと同じような雰囲気の他のお店が最近あちこちにできているのですが、これってどこまで許されるのでしょうか？

1　デザインの保護範囲

設例のペンやカフェの店舗について、よく似たデザインがどこまで許されるかは、ペンやカフェの法的保護がどの範囲まで及ぶかという問題と表裏の問題です。他人が創作したよく似たデザインが、権利者の保護範囲に入っていれば権利侵害の問題を生じるからです。このため、まずはペンなどの物品やカフェなどの建築物についての法的保護の範囲を理解する必要があります。

まず、ペンやカフェの店舗も意匠登録の対象になりますから、**意匠登録**されていれば意匠権による保護を受けます。⓬で学んだように、意匠権は特許庁に出願し審査を通過したものに与えられます。

デザインの保護については、意匠法のほか**不正競争防止法**という法律が関係します。この不正競争防止法はビジネス上の不正な競争行為を禁止する法律であり、意匠権のように予め独占権を付与する形ではなく、実際にデザインの模倣などの問題が生じた場合に適用される法律です[1]。したがって、意匠登録されていないデザインであっても、不正競争防止法によって保護される場合があります。

以下では、物品のデザインの保護範囲と、店舗デザインの保護範囲について解説し、各々よく似たデザインの創作がどこまで許されるかに言及します。

1　不正競争防止法
不正競争防止法は「事業者間の公正な競争及びこれに関する国際約束の的確な実施を確保するため、不正競争の防止及び不正競争に係る損害賠償に関する措置等を講じ、もって国民経済の健全な発展に寄与すること」を目的とした法律です（不正競争防止法1条）。詳しくは**コラム❶-3**を参照してください。

2　物品のデザインの保護範囲

(1)　意匠権による保護（類似範囲）　意匠権の効力、つまり保護範囲は登録意匠と同一のものだけでなく、類似範囲にまで及びます（意匠法23条）。

この「類似」とは似ているという意味ですから、本来、人の主観的な認識の問題です。しかし、意匠権の権利範囲としての類似は権利侵害の成否にかかわる重要な事柄ですから、意匠の類似について客観的な判断基準が確立されています。

意匠権の侵害事件では、登録意匠と侵害品に係る意匠との「類似」が問題になることが多く、侵害事件における類似は次のように判断されます。

まず、対比する両意匠に係る物品が同一または類似であるかが判断されます。そして、物品が同一または類似でなければ、たとえ形状等が似ていても意匠は非類似であるとされ、意匠権侵害は成立しません。意匠は、物品や建築物と形状等とが一体不可分となって成立するものだからです。

物品が同一または類似であれば、次に、対比する両意匠の形状、模様または色彩などが同一または類似であるかが判断され、最終的には両意匠の共通点および差異点を総合的に観察した場合に、需要者（消費者や取引者）に異なる美感を起こさせるか否かが判断されます。需要者に異なる美感を起こさせるのであれば両意匠は非類似であり、意匠権侵害は成立しません。

この形状等の比較については詳細な基準がありますが、その中でも重要なのが意匠の**要部**の認定です。意匠の要部とは、需要者の注意を強く引きやすい部分であり、わかりやすくいえばその意匠のデザイン上の特徴です。両意匠が類似するか否かは、この意匠の要部の共通性を中心に判断されます。

たとえば、その物品の機能上必然的に採用される形状等は、意匠の要部ではありません。自動車には走行するためのタイヤが付いており、人が乗り降りするためのドアが設けられていますが、これらは自動車の機能上必然的ですから要部ではなく、自動車の意匠の類似判断に際してはこのような必然的な形状等以外の部分のデザインの共通性が問題になります。意匠の要部の認定に際しては、ほかにも意匠に係る物品の性質・用途・使用態様・周知意匠・公知意匠などが参酌（さんしゃく）されることがあります。

侵害訴訟において対比する両意匠が類似であると判断され、意匠権侵害が成立する場合、意匠権者から侵害者は**差止請求**[2]や**損害賠償請求**[3]を受けます。意匠権は登録時に意匠公報に掲載され、社会に公表されている独占権ですから、他人がたまたま同じようなデザインを創作しても意匠権の侵害になります。つまり、偶然、登録意匠と同一または類似の意匠を創作しても、意匠権者から差止請求や損害賠償請求されることがあります。

2　差止請求
意匠権侵害における差止請求とは、自己の意匠権等を侵害する者または侵害するおそれがある者に対して行われる、その侵害の停止または予防の請求です（意匠法37条）。

3　損害賠償請求
意匠権侵害における損害賠償請求とは、民法が定める不法行為に基づく損害賠償請求で、故意または過失によって意匠権が侵害された場合に、侵害した者に対して行われる、これによって生じた損害の賠償の請求です（民法709条）。なお、意匠権の侵害について、過失の推定規定が設けられています（意匠法40条）。

コラム⑬-1　意匠の類似

意匠法上の「類似」は意匠権の効力だけでなく、登録要件としての新規性の中にも規定されています（意匠法3条1項3号）。新規性の中に規定されている「類似」は登録要件であるので、まずは特許庁の審査官や審判官が判断することになりますが、意匠権の効力としての「類似」は権利侵害が問題になる場面ですから、基本的には裁判所の裁判官が判断します。

意匠審査基準の中には「類似」についての詳細な判断基準が示されています（第Ⅲ部第２章第１節2.2）。ただし、審査基準は特許庁における審査の一般的な指針ですから、登録要件としての新規性の中に規定されている「類似」を対象にしています。もっとも裁判所が判断する「類似」も、意匠審査基準とほぼ同様の基準で判断されています。

意匠審査基準には「意匠の類否判断の観点」として次のような項目が挙げられています（第Ⅲ部第2章第1節2.2.2.1）。

（ア）　対比する両意匠の意匠に係る物品等の用途及び機能の認定及び類否判断
（イ）　物品等の部分について意匠登録を受けようとする意匠の場合、当該部分における用途及び機能の共通点及び差異点の認定
（ウ）　物品等の部分について意匠登録を受けようとする意匠の場合、当該部分の位置、大きさ、範囲の共通点及び差異点の認定
（エ）　対比する両意匠の形状等の認定
（オ）　対比する両意匠の形状等の共通点及び差異点の認定
（カ）　対比する両意匠の形状等の共通点及び差異点の個別評価
（キ）　総合的な類否判断

⑵ **不正競争防止法による保護**　不正競争防止法２条１項３号は、他人の商品の形態を**模倣**[4]した商品を譲渡等した場合、不正競争に該当すると規定しています。意匠登録されているか否かとは無関係ですから、特許庁に出願中であり意匠権がまだ発生していないものや、そもそも特許庁に意匠登録出願していないものについてもこの規定による保護を受けることができます[5]。

もっとも、「模倣」ですから、意図的に同じものを作った場合に限られ、偶然的に創作した場合や、同一ではなく類似するものを創作した場合には適用されません。なお、この規定による保護を受けるのは、製品を日本において最初に販売した日から３年を経過していないものに限られます（不正競争防止法19条１項５号イ）。投下資本の回収期間に対応させて保護するためです。

⑶ **物品のよく似たデザインの創作はどこまで許されるか**　上述のように、意匠の類似は要部の共通性を中心に判断されますから、たとえば設例に登場したペンであれば、ボディが細長く、先端にインクが出るペン先が付いているといった点はペンの機能上必然的な形状ですから、この点が共通していてもそれだけで類似にはなりません。必然的でない形状等について独自の工夫を凝らせば別個のデザインとして許されるわけです。

物品のデザインを新たに創作する場合は、**先行意匠調査**[6]を行う必要があります。上述のように、他人が意匠登録しているものと偶然、類似するデザインを創作しても意匠権侵害になるからです。もちろん、既に他人が登録している意匠と同一または類似のデザインを採用してはいけません。

また、登録されていない意匠であっても不正競争防止法による保護を受けるわけですから、他人の意匠を安易にそのまま模倣してはいけません。さらに、他人の著作物や商標をデザインの中に取り入れることは著作権法や商標法上の問題を生じますから避けるべきです。

3　店舗の内装デザインの保護範囲

⑴ **意匠権による保護（類似範囲）**　カフェなど建築物の外装や内装についても、通常の物品と同様、意匠登録されている場合は意匠権が発生し、類似範囲にまで権利の効力が及びます。そして、建築物の外装や内装に関する「類似」についても、その一般的な判断基準は物品についての意匠の類似判断と同様であり、形状等の比較にあたっては意匠の要部の共通性を中心に判断されます。

なお、意匠審査基準は、登録要件としての新規性における「類似」について、建築物の意匠の類似判断、内装の意匠の類似判断につきそれぞれ特有の留意点を示しています[7]。

⑵ **不正競争防止法による保護**　建築物の外装や内装も不正競争防止法による保護を受けることが可能ですが、不動産である建築物は、通常の商品に対する２条１項３号ではなく、主に２条１項１号・２号の**営業表示**（商品等表示）に該当するか否かという形で議論されています。

つまり、２条１項１号は、「他人の商品等表示として需要者の間に広く認識されているものと同一若（も）しくは類似の商品等表示を使用し、又はその商品等表示を使用した商品を譲渡し〈…〉他人の商品又は営業と混同を生じさせる行為」を不正競争と規定しています。ここにいう「商品等表示」とは、人

[4] 不正競争防止法における「模倣する」の意味について、同法２条５項において「他人の商品の形態に依拠して、これと実質的に同一の形態の商品を作り出すことをいう」と定められています。

[5] 不正競争防止法による保護も、意匠権と同様に、差止請求や損害賠償請求が認められます（不正競争防止法３条・４条）。

[6] **先行意匠調査**
先行意匠調査の方法は、⓬で示した出願前の調査と同様、J-PlatPatなどのデータベースを用いて行うのが効率的です。なお、他人の意匠権の侵害を回避するための調査ですので、特に登録済の先行意匠に注意する必要があります。

[7] 特許庁『意匠審査基準』第Ⅳ部第２章6.2.1～6.2.5、第Ⅳ部第４章6.2.1～6.2.6。

の業務に係る氏名、商号、商標、標章、商品の容器もしくは包装その他の商品または営業を表示するもの、つまり商品表示や営業表示を意味します。

建築物の外装や内装は、この営業表示に該当すると考えられます。この2条1項1号が、商品に対する上述の2条1項3号と大きく異なるのは、「需要者の間に広く認識されているもの」、つまり周知なもので、「混同」を生じさせるものでなければ保護されないという点です。有名な建築物の外装や内装であって、需要者にとって紛らわしいようものでなければ不正競争防止法の保護を受けることができません。

反面、同一のものに限らず「類似」するものも保護対象に含まれます。たとえば、有名な店舗の外装デザインや店舗の内装とよく似たデザインを採用した店が登場した場合、元の店舗の権利者は混同を生じるほど紛らわしいとして不正競争防止法違反を主張することができます。

なお、コメダ珈琲店舗事件（東京地決平28年12月19日）の裁判例は、コメダ珈琲店の店舗の外装や店内の構造および内装が、不正競争防止法上の「商品等表示」に該当し、類似する他の店舗の営業との間で2条1項1号の「混同」のおそれが生じると判示しました。[8]

⇨8　コメダ珈琲事件については、本書⑭2(1)も参照。

(3)　店舗の内装のよく似たデザインの創作はどこまで許されるか　店舗も物品の場合と同様、意匠法上の類似は要部の共通性を中心に判断されますから、機能上必然的な構成が共通していてもそれだけでは意匠権侵害にはなりません。また、意匠とは具体的な形状等ですから、単に「高級感があって落ち着ける雰囲気の店舗デザイン」という抽象的なコンセプトが共通していても意匠権侵害にはなりません。

これに対して、具体的な外観・内装に似た店舗デザインを採用すると意匠権侵害の可能性が生じますし、特に有名なカフェなどの店舗デザインに似ている場合は不正競争防止法上の問題も生じますから[9]、注意が必要です。

⇨9　店舗の外観は「立体商標」として商標登録することも可能です（商標法2条1項）。したがって、店舗の外観については、商標登録されているか否かについて一応、商標調査も行った方が安心でしょう。

コラム⑬-2　意匠の類似

右側に図で示したのは、特許庁の意匠審査基準の中で示されている内装の意匠の類似例です。この審査基準は、意匠の登録要件としての新規性における「類似」の具体例です（意匠法3条1項3号）が、権利侵害で問題となる「類似」についても同様に考えることができます。

■形状等が類似し、用途及び機能が類似する例

【事例】オフィスの例

両意匠は、内装全体の基本形状が共通し、内装の構成物のいずれも、配置及び形状等がほぼ共通しています。一方、椅子の数や配置、スタンディングデスクの向き等が異なるものの、部分的な違いのため類否判断に及ぼす影響は小さく、意匠全体として比較すると、両意匠は類似するものと判断されます。

特許庁『意匠審査基準』第Ⅳ部第4章より抜粋（色彩は省略）

14 ネーミングをパクられてしまったら？

▶ 不正競争防止法2条1項1号・2号

設例 Aさんは専門学校卒業後、洋菓子店で5年間修行した後、独立して洋菓子店を千葉市内にオープンしました。この店の商品であるスイートポテト『ちばのよいおいも☆』はヒット商品となり、新聞や雑誌でも取り上げられました。ところが、千葉県市原市の業者が『ちばのよきいも☆』の名称でスイートポテトの販売を始めました。Aさんはこの販売を止めることはできるのでしょうか？

1 どうして出所の表示を保護するの？

不正競争防止法2条1項1号および2号は、商品やサービス（役務（えきむ））の出所を示す表示（商品等表示）について、不正な行為を規制するものです。

商品や役務の出所を示す表示について、他社が類似する表示を使用してもよいとすると、購入者はその表示をみて自分が購入したい商品や役務に辿り着くことが難しくなります[1]。誰でも『白い恋人』というお菓子を販売できるとしたら、あなたはどうやってラング・ド・シャでチョコレートを挟んだおいしいお菓子を購入できるでしょうか？　自分が求める商品役務を探すための費用を経済学でサーチコスト（探索費用）と呼ぶことがありますが、同じような表示が許容されるとこのサーチコストが高くなってしまいます。他方で、事業者も、他の人が似たような表示を使用できるとすれば、よい商品役務を提供してその表示に信用を蓄積させようとしなくなってしまいます。たとえば、誰でも『ガリガリ君』の名前のアイスを販売できるとしたら、赤城乳業は努力しておいしいアイスキャンディーを作ろうとしなくなってしまうかもしれません。

そのため、商品や役務の出所の表示に対する法律の保護を行うことで、事業者に安心して商品や役務に信用を蓄積してもらい、かつ購買者も表示を見てほしい商品や役務を選択できるようにしているのです。

このように、類似する表示を使用させないことで購入者の混同を防ぐ法律としては、①登録された商標を保護する**商標法**、②登録の有無にかかわらず周知となっている表示を保護する**不正競争防止法2条1項1号**があります。

加えて、出所の混同を引き起こさないとしても、まったく違う商品に表示が付されることで、その表示と本来の商品との結び付き（例：トヨタと自動車）が稀釈されて弱まることも考えられます。そして、表示がわいせつな言葉や商品と結びつけられると、その表示のイメージが汚染されてしまいます（例：ポルノランド・ティスニー）。このような稀釈化（ダイリューション）や汚染（ポリューション）から標章の保護を図るのが、③**不正競争防止法2条1項2号**です。

[1] もちろん、商品やサービスの味や性能を買う前に知ることができれば、このような問題は発生しません。しかし、多くの商品やサービスは買って初めて味や品質を知ることができます。これは経済学にいう「情報の非対称性」の問題です。

このように、日本では、登録商標を保護する商標法と未登録の表示を含めて保護する不正競争防止法２条１項１号および２号とで出所についての表示を保護しています（これらをあわせて**標識法**と呼ぶことがあります）。

２　混同させる行為の規制（不正競争防止法２条１項１号）

不正競争防止法２条１項１号は、①原告の表示が商品等表示であり、②原告のその商品等表示が周知であり、③被告が類似する商品等表示を使用した商品を譲渡、輸入等して、④これによって混同のおそれを生じさせる行為を不正競争行為としています。

⑴　**商品等表示であること**　　商品等表示について、不正競争防止法２条１項１号の括弧書では「人の業務に係る氏名、商号、商標、標章、商品の容器若しくは包装その他の商品又は営業を表示するものをいう」としています。商号は、「株式会社ブルボン」「岩塚製菓株式会社」のような法人の名称であり、商標には登録商標や未登録の商標も含まれます。たとえば「ルマンド」「味しらべ」といった商品の名称や、設例の「ちばのよいおいも☆」などです。商品の容器や包装も商品等表示に含まれます（資料⓮－1）。

こういった商号や商品名といったものは、購買者が出所を表示するものとして認識し、これによって商品や役務を選択していることは明らかです。他方で、商品の形態については、直ちに商品役務の出所を示すものではなく、購買者も商品形態のみで出所を判断することは多くありません。これを「自他識別力が弱い」といいます。ただし、同種の商品とは異なる顕著な特徴があり、その形態に広告や宣伝によってその形が著名となり購買者に出所を表示するものと認識される場合には、商品等表示として認められることがあります。**資料⓮**－2の時計や、**資料⓮**－3の耳かきの形態がその例です。最近では、組み立て式ユニットシェルフ（**資料⓮**－4）の形状について他と異なる特徴があり、10年以上販売され大規模な宣伝があったため周知の商品等表示になったとして、類似する棚に対する差止請求が認められています（無印良

資料⓮－1

資料⓮－2

資料⓮－3

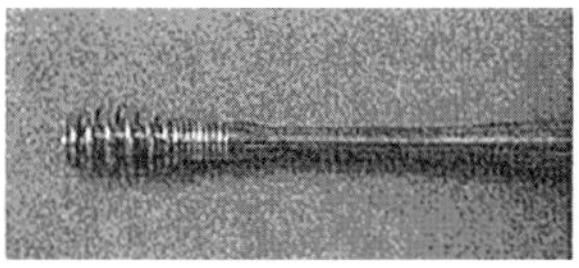

資料⓮－4

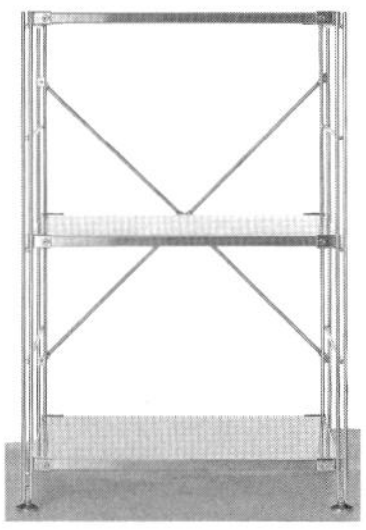

資料⓮－5

折りたたみコンテナ

資料⓮－6

コメダ珈琲の店舗外観

被告の店舗

品ユニットシェルフ事件：知財高判平30年３月29日）。

ただし、技術的に必須の形態（技術的形態）を商品に採用しなければならない場合など、競争する上でどうしても似てしまう場合には商品等表示には該当しないとされています[2]。折りたたみコンテナ事件（東京地判平６年９月21日）では、似ているとされた特徴は原告製品の商品本体の実質的機能そのものか、その機能を達成するための構成に由来する形態に当たるものとして、保護を認めませんでした（**資料⓮－５**）。純粋な技術的形態は、新規性や進歩性が認められる限りで特許法や実用新案法によって一定期間に限って保護されています[3]。

また、商品や店舗の色彩や商品の陳列方法は、商品等表示に当たる可能性はありますが、商品形態と同じくそれだけで購入者は出所を判断しないことや、色彩や陳列方法を独占されると他の事業者への制約が大きいことから、裁判所はこれらの表示を簡単には商品等表示とは認めない場合が多いです。

他方で、「コメダ珈琲」の店舗の外観（**資料⓮－６**）や内装について、他の同種店舗の外観とは異なる顕著な特徴があり、テレビや新聞の報道や宣伝によって周知の商品等表示となったと認め、類似する店舗に対する差止請求を認めた例があります（東京地判平28年12月19日）。

⑵　**周知性**　不正競争防止法は原告の商品等表示が周知であることを要求しています。もっとも、日本全国で周知となっていない場合でも、被告が販売をしている地域において原告の表示が知られていれば、購入者が被告の表示をみて原告（またはその関連会社など）の商品や役務であると間違える可能性があります。そのため、被告の商品の購入者に原告の表示が知られていればよいと理解されています[4]。

たとえば、神奈川県横浜市にあるとんかつ料理店『勝烈庵』が原告となった事件で、原告表示が知られていた神奈川県鎌倉市大船の『かつれつ庵』には請求が認められましたが、原告表示の知られていない静岡県富士市の『かつれつあん』については請求が認められませんでした（かつれつあん事件：横浜地判昭58年12月９日）。設例では『ちばのよいおいも☆』が千葉市内だけでなく市原市でも知られていれば周知性が認められます。

ただし、このような周知性を立証することは簡単ではありません。商標登録すれば商標の周知性にかかわらず権利行使ができるため、商標登録には周知性の立証を省略できるというメリットがあります[5]。

⑶　**類似性**　被告表示が類似するといえるかどうかは、「取引の実情のもとにおいて、取引者、需要者が、両者の外観、呼称、又は観念に基づく印象、記憶、連想等から両者を全体的に類似のものとして受け取るおそれがあるか否か」で判断するとされています[6]。たとえば日本ウーマン・パワー事件（最判昭58年10月７日）では「マンパワー」と「ウーマン・パワー」を類似と判断しています。外観は見た目、称呼は読み方、観念は表示から生じるイメージを表します。このように外観、称呼、観念で比較するのは商標法の類似性の判断とも共通します[7]。また、識別力のない部分（商品の種類、産地、性質など）がいくら共通していても類似しているとは判断されません。SAKE CUP事件（大阪高判平10年５月22日）では、CUP部分が共通する表示について類似性を否定しています（**資料⓮－７**）。

設例に挙げた『ちばのよいおいも☆』と『ちばのよきいも☆』の類似性はか

➡２　**競争上似ざるを得ない形態**
技術的形態が商品等表示として認められないとする判決は数多くありますが、製品の互換性を確保するために必要な形態も、これを保護すると自由な競争ができなくなってしまうため、商品等表示として保護しないとする考え方が有力です。

➡３　本書❼と❽参照。

➡４　**周知性の立証**
実際には、原告の商品のシェアや売上高、宣伝広告費やメディアでの扱い、場合によってはアンケート調査などで周知であることを明らかにする必要があります。

➡５　本書⓯参照。

➡６　本書❼と❽参照。

➡７　本書⓯参照。

資料⓮－７

▼原告表示（原告ホームページから引用）

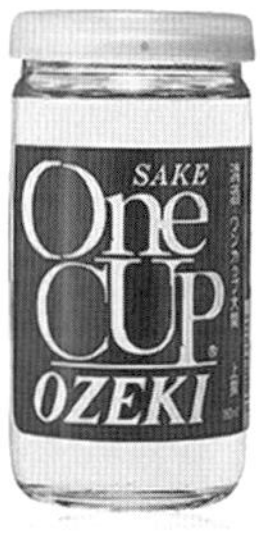

▼被告表示

なり微妙です。共通部分の多くは識別力が弱い部分(「ちば」「いも」)だからです。他方で、平仮名表記で☆部分まで似る必要はなく、この点を重視すれば類似性を肯定する余地もありそうです。

(4) **混同のおそれ**　混同のおそれとは、単に表示が混同されるという意味ではなく、購買者が商品や役務の出所が同じであると信じてしまうおそれがあるという意味です。裁判所では、表示の周知性が認められ、類似する表示を使用する場合には、原則として混同のおそれが認められています。

混同のおそれには、同一の会社と誤信させる場合だけでなく、親会社、子会社の関係や系列関係などの緊密な営業上の関係(いわゆる「広義の混同」)があると誤信する場合も含まれます(前掲・日本ウーマン・パワー事件)。このような誤解があると、被告の商品を購入した際、その商品の品質が悪かったならば関連する原告の品質管理に問題があると考え、原告の商品を購入しなくなるおそれがあるためです。

その後、スナックシャネル事件(最判平10年9月10日)では、被上告人が「スナックシャネル」の名称で千葉県松戸市において飲食店を経営していた事案について、高級婦人服・香水・化粧品を扱うシャネルと混同のおそれが認められるとしました[8]。また、東急グループに対し、被告が芸名として「高知東急」(たかちのぼる)を用いていた事案(高知東急事件：東京地判平10年3月13日)、ファッション雑誌『VOGUE』に対し、被告がマンション名として「ラヴォーグ南青山」と名付けた事案(ラ　ヴォーグ南青山事件：東京地判平16年7月2日)でも混同のおそれが認められました。

商標権の場合、その権利範囲は指定商品や指定役務と類似する商品・役務までしか及びません[9]。不正競争防止法2条1項1号では商品等表示が使用されている商品や役務が原告のものと必ず類似していなければならないわけではないため、商標法よりも不正競争防止法に基づいて請求した方が広く権利行使できる場合もあります。

➡8　ただし、スナックシャネル事件では「シャネル」との混同があるのかは疑問もあります。むしろ、不正競争防止法2条1項2号が想定する稀釈化(ダイリューション)の問題の事案であったのではないかとも指摘されています。

➡9　本書⑮参照。

コラム⑭-1　不正競争となる「営業」はどこまで?

不正競争防止法の第2条1項1号において「商品等表示」とは「その他の商品又は営業を表示するもの」と定義されていますが、ここにいう「営業」には、公益法人の音楽や舞踊の普及事業、私立学校経営事業も含まれます。たとえば、日本舞踊で『音羽流』(六代目尾上菊五郎が、弟子の歌舞伎役者の1人に音羽流を創ることを命じて創られた流派)が有名だったところ、音羽流を退流した者が『清派音羽流』『音羽菊清』の名前を名乗って日本舞踊の舞踊活動をすることは不正競争となると判断されています(音羽流事件：大阪高判平9年3月25日)。

もっとも、「営業」に宗教法人の本来的な宗教活動は含まれないとされています。もともと『天理教』に加盟しており被包括関係があった『天理教豊文教会』が、天理教の教義が教祖の教えと異なっていると考えて天理教教典の定めに従わない方針を採るようになり、被包括関係を廃止した上で引き続き『天理教豊文教会』の名称を使用して朝夕の勤行や年中行事を行っていました。そこで、『天理教』が不正競争送防止法2条1項1号に基づき名称の使用をやめさせようとする事件が起こりました。これについて最高裁判所は、不正競争防止法2条1項1号・2号にいう「営業」は、宗教法人の本来的な宗教活動、および、これと密接不可分の関係にある事業を含まないとした上、天理教豊文教会の活動は朝夕の勤行や年中行事といった本来的な宗教活動だけであるので『天理教豊文教会』は「商品等表示」に該当しないと判断し、請求を退けました(天理教事件：最判平18年1月20日)。ただし、この判決も、駐車場業のような宗教法人が行う収益事業については、不正競争防止法の適用の対象となりうると述べています。

3　表示を稀釈化する行為の規制（不正競争防止法２条１項２号）

不正競争防止法２条１項２号は、１号と似たような要件を定めていますが、①商品等表示が周知ではなく著名としている点、②混同のおそれが求められていない点において１号と異なります。他方で、類似性が問題となるのは１号と同じです。

まず、商品等表示が周知ではなく著名としているのは、著名な表示ほど他社がフリーライド（ただ乗り）したいと考える場合が多く、その行為によって表示と本来の商品役務との結び付きが弱まったり表示が汚染されたりするためです。裁判所で「著名」と認められたものとしては「アリナミンA25」（資料⓮-８）や、JAL（日本航空）の鶴丸マーク、マリオのキャラクター（コラム⓮-２参照）などがあります。

また、２条１項２号が問題とするのは、前述した表示の識別力を毀損したり表示を汚染したりする行為ですので、出所について混同のおそれがあることを示す必要はありません。たとえば、ルイ・ヴィトンの商品を購入して記号（モノグラム）が記載された生地を使用し帽子や靴を製作し販売した場合、購入者がルイ・ヴィトンの正規品と認識するかどうかに関係なく２条１項２号違反が認められています（ジャンクマニア事件：知財高判平30年10月23日、資料⓮-９）。

資料⓮-９

表示の類似性については、原告の商品と原告表示の対応関係を崩し表示を稀釈化させる程度に類似しているかが基準になるとされています（黒烏龍茶事件：東京地判平20年12月26日、前掲・資料⓮-１）。

資料⓮-８　不正競争防止法２条１項２号で類似性が認められたもの

原告表示	被告表示
青山学院	呉青山学院
アリナミンA25	アリナビッグA25
プルデンシャル生命保険	プルデンシャルライフツアー

ただし、２条１項２号では、出所についての混同のおそれがない場合でも請求が認められ得るため、規制される行為が広くなりすぎるおそれがあります。そこで、被告とされる人が、商品や役務の出所として表示を使用していない場合には「商品等表示としての使用」がないとして侵害が否定されます。たとえば、クチコミを投稿するレビューサイトでの飲食店の表示の使用について「商品等表示としての使用」ではないとして侵害を否定したものがあります（食べログ事件：札幌地判平26年９月４日）

4　侵害とならない場合

以上の２条１項１号か２号に該当するとしても、以下の場合には侵害となりません。

まず、被告が「普通名称」や慣用されている表示を使用する場合です（19条１項１号）。過去の例では「つゆの素」や「トイレットクレンザー」がこれに該当するとされましたが、さらに商品の品質や原材料の表示なども含まれます。このような表示が独占されると、他の事業者は商品の品質や内容を購入者に伝達できず、かえって購入者が欲しい商品や役務を探すことが困難となるためです。

次に、自己の氏名を不正な目的なく使用する場合があります（19条1項2号）。生まれながらの自分の氏名を営業活動に使用したいというのは自然だからです。さらに自己の表示として先に使用している先使用の場合があります[10]（19条1項3号）。ただし、不正の目的で使用している場合にはこの主張はできません。

5　侵害の効果

2条1項1号や2号の不正競争行為が行われた場合、営業上の利益を侵害される者、侵害されるおそれのある者は、差止請求（不正競争防止法3条1項）、損害賠償請求（同4条）をすることができます[11]。

差止請求では「被告は、その製造に係るスイートポテトの容器、包装、広告に『ちばのよきいも☆』の標章を使用し、またはこれらのスイートポテトを販売してはならない」のような内容を裁判で求めることになります。

また、損害賠償については、不正競争防止法5条に損害額の推定規定が定められています[12]。

さらに、不正の目的で2条1項1号の行為を行う場合、他人の表示の信用や名声を利用して不正な利益を得る目的等で2条1項2号の行為を行う場合には、刑事罰も科せられます（5年以下の懲役と500万円以下の罰金の片方または両方。21条2項）。

➾10　混同防止表示請求
形式的には2条1項1号に該当しながら、自己の氏名の使用や先使用に該当する場合は、これによって営業上の利益を侵害されるおそれのある者が、表示の使用者に対して「混同を防ぐのに適当な表示」を付すことを要求できます（19条2項）。たとえば、「○○と当社は全くかかわりがありません」といったものです。

➾11　営業上の利益を侵害される者、されるおそれのある者
周知となった表示が示す出所の主体がこれに当たります。製造業者と販売業者の両方が請求できる場合もあります。

➾12　コラム⑩-3参照。

コラム⑭-2　有名キャラのコスチュームで走れるの？

株式会社MARIモビリティ開発は、公道カートのレンタルを行う際、『マリカー』などの名称を使用しながらマリオ等のキャラクターのコスチュームを貸与し、マリオ等のキャラクターに扮して公道を走行することができるサービスを運営していました。これに対し、任天堂株式会社が不正競争防止法2条1項1号・2号および著作権侵害で訴えたという事件があります（知財高判令元年5月30日）。

これについて知財高裁は、任天堂が販売するゲーム『マリオカート』シリーズのソフトの国内累計出荷本数などから『マリオカート』の表示は不正競争防止法2条1項2号の「著名な」商品等表示であるとした上で、「マリカー」の表示は『マリオカート』に類似するとして2条1項2号違反を認めました。さらに、マリオやルイージのコスチュームの貸与についても、これらのキャラクターが商品やサービスの出所を示すものとして著名となっているとして、この点も2条1項2号違反を認めています。マリオほど有名なキャラクターとなると、そのキャラクターが出所を示す商品等表示となるのです。

これに対し、著作権侵害があったかどうかについて裁判所は判断しませんでした。コスプレは、自宅の中で行うのであれば私的複製（著作権法30条）となりますが、利用者が公道を走行するために貸し出すコスチュームの作成であれば私的複製とはなりません（本書❻参照）。そのため、コスチュームにおいて、マリオやルイージの創作的表現が再現されていれば複製権などの侵害となったと考えられます（❹参照）。

18歳からはじめる知的財産法 15

自分のブランドを守るには？

▶商標法による商標登録制度

> **設例**　オホーツク海を望める場所で菓子店を営むＡさんは、新たな製法を用いて作った『がりんこせんべい』の販売を考えています。もっとも「がりんこ」という言葉は誰でも思いつきそうなので、いつの間にか他の人が使ってしまうかもしれません。安心して『がりんこせんべい』を使ってせんべいを売り、他の人にも使わせないためにはどうしたらよいでしょうか？

▼文字商標の例

SONY
白い恋人

▼図形商標の例

JAL

▼記号商標の例

▼結合商標の例

茶
京都
伊右衛門（いえもん）
福寿園

1　登録商標制度はどうして必要なの？

⓮でみたように、商品や役務（サービス）の出所を示す表示を保護するのは、①購買者が表示をみて自分の買いたい商品・役務を買えるようにするとともに、②商品の出所を購入者が区別できることで、よい商品やサービスを提供する事業者が信用を得て利益が得られるようにするという理由がありました。このような出所を示す表示を守る法律としては、⓮でみた不正競争防止法２条１項１号と２号があります。

しかし、不正競争防止法では表示に信用を蓄積させていくのに不十分なところがあります。北海道の製菓会社が、これから『がりんこせんべい』の名称で商売をしていこうとした場合、実は新潟の別の業者が『がりんこせんべい』を使ってせんべいを売っているかもしれません。新潟の業者が先に有名になると不正競争防止法２条１項１号で権利行使を受けるおそれもあります。

そこで、予め表示を登録しておけば、表示を登録した人だけが日本全国で独占的にその表示を使用できるという登録制度を国が用意しました。この方法を使えば、製菓会社は、他の業者によって『がりんこせんべい』の名称を使用されることはないという保障のもと、安心して『がりんこせんべい』を販売できます（これを「商標の発展助成機能」といいます）。このような考え方を具体化したのが登録商標制度です。

2　どのような商標であれば登録できるの？

商標法は、２条でどのようなものが商標になるかを定め、次に３条・４条で登録が認められない場合を挙げています。

⑴　**商標登録の対象**　　商標登録できるものにつき、商標法２条１項は「人の知覚によって認識することができるもののうち、文字、図形、記号、立体的形状若（も）しくは色彩又はこれらの結合、音その他政令で定めるもの」としています。平成26年改正で、動き商標、ホログラム商標、色彩のみからなる商標、音商標、位置商標も登録できるようになりました（**コラム⓯-1**参照）。

⑵　**構成上登録できないもの**　　商標法３条は、商品や**役務**（えきむ）[➡1]に使用して

も特定の出所を示すことができない場合（出所識別機能がない場合）や、特定の人にその表示を独占させることが適当ではない場合（独占適応性を欠く場合）を登録拒絶事由としています。たとえば、「パソコン」や「おてもと」など、当該商品や役務の普通名称のみで構成された商標（1号）、清酒を商品とする「正宗」のように、その商品や役務に**慣用されている商標**[2]（2号）、そのほか出所識別力を欠く場合（6号）があります。また、「さいたま納豆」「おいしい」など商品の産地、品質、効能、形状などを表示する標章のみで構成された商標（3号）、「福島製作所」「エトーネジ」などありふれた氏や名称を普通に表示した表示から構成される商標（4号）、「SR」「NP」など極めて簡単でありふれた標章のみからなる商標（5号）も商標登録できません。

ただし、3号～ 5号にあたる場合でも、『マツダ』『スズキ』『JT』『JR』のように、広く知られることで特定の商品役務の出所を示すようになり、その場合には登録を認めても弊害は大きくありません。そこで、これらの表示が使用された結果、購買者が特定の主体の業務による商品や役務だと認識できる場合には商標登録を認めています（商標法3条2項）。

立体的な形状も商標登録の対象となりますが、容器や商品の形状自体は形状を普通に表示する標章のみで構成されているので3条1項3号に当てはまります。裁判所は、従前は立体的な形状の登録をほとんど認めてきませんでしたが、近年はコカコーラの容器やヤクルトの容器などについて出所を表示されるものと広く認識されているとして、3条2項に基づいて商標登録を認めています（資料⑮-1）。

設例については、「パリッと」などの食感を表す言葉であれば3条1項3号に該当する可能性があり、その場合は3条2項に該当しなければ登録できません。もっとも「がりんこ」であれば食感そのものを表すものではないので3条各号には該当しないと思います。

(3) **他人の表示との抵触等で登録できないもの**　商標法4条は、他の人の表示と抵触する場合など他の人の権利と抵触したり、他の人と混同を生じ

➾1 役　務
エステティックサロンや英会話教室などで提供される形のないサービスのことを「役務」と呼びます。

➾2 慣用名称
日本酒には、『櫻正宗』や『菊正宗』のように「～～正宗（まさむね）」の文字を含むものが多数あります。これは江戸時代に、とある酒蔵が清酒（せいしゅ）と音が似ている正宗（せいしゅう）を商品名に付けて売り出したのが始まりといわれています。このネーミングが大いに受けて他の酒蔵も真似するようになったのですが、商標法が制定される前のことですから違法ではありません。このように、もともとは特定の商品・役務を指す固有名詞であったものが、時代を経て普通名詞へと変化したものを「慣用名称」と呼んでいます。

資料⑮-1　立体商標の登録が認められた例

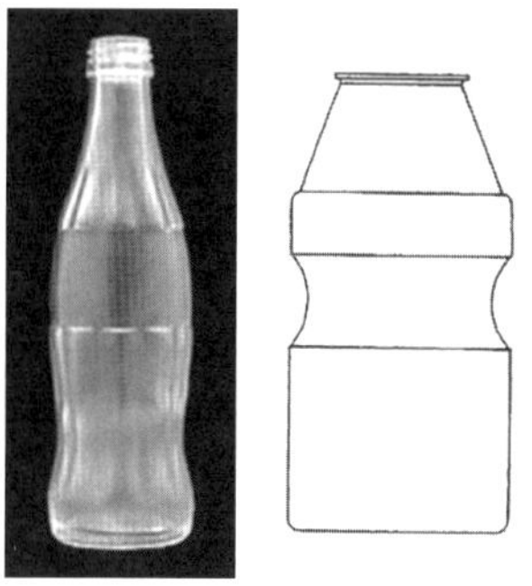

コラム⑮-1　新しい商標

2014（平成26）年の商標法改正で、動き商標、ホログラム商標、色彩のみからなる商標、音商標、位置商標が登録できるようになりました。音の商標では、久光製薬株式会社の『HISAMITSU』（登録番号5804299）や小林製薬株式会社の『ブルーレットおくだけ』（登録番号5804301）などが登録されています。色彩のみからなる商標では、株式会社トンボ鉛筆が消しゴムに用いている上から〈青－白－黒〉の色彩（登録番号5930334）が登録されています。また、動き商標としては、エステー株式会社のひよこが右から中央に動いた後「空気をかえよう」「エステー」が表示されるものが登録されました（登録番号5804313）。位置商標は、図形などを商品に付す位置が特定される商標で、株式会社エドウインのズボンの後ろポケットに付ける『EDWIN』と書かれた赤い長方形（登録番号5807881）、株式会社エスエスケイの靴の模様（登録番号6044632）などが登録されています。

もっとも、これらの新しい商標のうち、商品が通常発する音や商品が通常有する色彩などは商標法3条1項3号に該当するため、3条2項の要件を満たさなければ登録できません。日立建機株式会社は、油圧ショベルに用いているオレンジ色を商標出願しました。しかし知財高裁は、このオレンジ色のみが独立して日立建機の油圧ショベルを表示するものとして購入する人に広く認識されていたとはいえないとし、3条2項の適用を否定して登録を認めませんでした（知財高判令2年8月19日）。

▼久光製薬の音商標

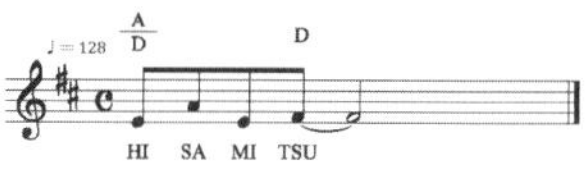

▼EDWINの位置商標

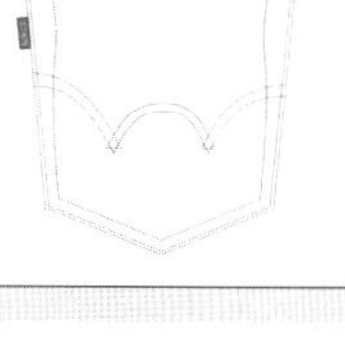

▼SSKの位置商標

させたりする場合などについて登録を拒否する事由として列挙しています。

まず、他人の商標と抵触する場合としては、既に登録された商標と商品役務が類似し、商標も類似する場合（4条1項11号）、登録の有無にかかわらず広く認識された商標と類似し、商品役務も類似する場合（同10号）、商品役務が類似するかにかかわらず他人の業務と混同するおそれのある商標（同15号）、日本国内か国外で広く認識された商標と類似する商標で不正の目的で使用されるもの（同19号）があります。たとえば、指定商品を**商標区分**[3]の第30類「せんべい」として『がりんこ』を登録しようとしたとき、先に同じ第30類に含まれる「アイスクリーム」や「あんぱん」を指定商品として『がりんこ』が登録されていれば11号違反になるので登録できません[4]。

8号は、他人の人格的利益を守るため、他人の氏名や法人の名称などを含む商標を出願する場合の登録拒絶を定めています。ただし、その他人の承諾があれば登録は可能です。同姓同名の者がいる場合には全員の承諾が必要と解されています[5]（山岸一雄大勝軒事件：知財高判平28年8月10日）。

また、16号は品質を誤認させるおそれのある商標の登録を拒絶するものです。たとえば、指定商品が「豚肉」なのに「牛肉」や「和牛」の文字の入った商標を出願しても登録は認められません。

この他、7号は、公序良俗に反する商標は登録できないとしています。たとえば、国際的に有名な著作物『赤毛のアン』の原題（Anne of Green Gables事件：知財高判平18年9月20日）、大学と誤信される名称（出版大学事件：知財高判平23年5月17日）、公的な資格と誤信される名称（特許管理士事件：東京高判平11年11月30日）などに適用されています。

3　どうやって登録するの？

商標の登録も特許庁が所管しており、特許庁に出願を行います。出願する際には、登録したい商標の内容を記載し、さらに指定商品・指定役務を指定します。その際、どの商標区分の何という商品・役務にするかを特定します。たとえば、楽天株式会社の『東北楽天ゴールデンイーグルス』（登録番号4875362号）は、第41類で「スポーツ…の興行の企画・運営又は開催、野球その他のスポーツの興行に関する情報の提供」などを指定しつつ、第28類「バット型の応援用メガホン、…マスコット人形、ぬいぐるみ…」や、第25類「ウインドブレーカー、ティーシャツ…」など多数の商品役務を指定しています。逆にいえば、いろいろなグッズを出す予定があるなら、該当しそうな区分のすべてを指定しておく必要があります（そして、指定する区分が多くなるほど登録費用は高くなります）。

なお、出願する商標は、まだ使っていないものでも構いません。出願の際は「使用する意思」が必要とされますが、特許庁から意思を確認されるのはあまりに多数の商品を指定した場合など特殊な場合です。使用しない商標が登録される問題は後述する不使用取消審判で解決することを予定しています。

出願が行われると、審査官が3条や4条の違反の有無を審査し、これらの拒絶理由があると判断する場合には、出願人に拒絶理由の通知を行い（15条の2）、拒絶理由が解消されない場合には拒絶査定を行います（15条）。特許出願の場合と同じく、拒絶査定に対しては不服審判の申立てを行うことができ（44条）、さらに審判官が不成立審決を出した場合、出願人は知財高裁に対

➾3　商標区分
特許庁では商品・役務について第1類～第45類までの区分を行っています。たとえば、第30類は、コーヒー、米、菓子、パン、アイスクリームなどの食品を扱っています。特許庁の定めた「類似商品・役務審査基準」（第11-2020版）では、このうち、菓子（せんべいやアイスクリームを含む）やパンには同じ30A01という類似群コードを付していますので、せんべい、アイスクリーム、あんぱんは類似する商品として特許庁で扱われます。

➾4　商標検索
抵触があると商標登録できないため、出願前には似たような商標が登録されていないかを確認する必要がありますが、その調査には独立行政法人工業所有権情報・研修館（INPIT）が運営するインターネット上のデータベース「特許情報プラットフォーム（J-PlatPat）」での検索を行うのが通常です。⓬➾2参照。

➾5　山岸一雄大勝軒事件
つけ麺で有名なラーメン店「大勝軒」が、創始者である故「山岸一雄」氏の名前を冠した「山岸一雄大勝軒」を商標登録しようと出願をしました。しかし特許庁は、氏名を含む商標を登録しようとする場合には、同姓同名の山岸一雄さん全員から承諾を得ることが必要である、と判断されました。もっとも、このような解釈ではデザイナーが自分の氏名を商標としてブランド化することが困難になるとして批判されています。

して審決取消訴訟を提起できます（63条）。

また、特許庁がいったん商標登録を認めても、出願人以外の者は、登録異議（43条の２）や商標無効審判（46条）の手続で、商標登録の有効性を争うことができます[6]。ただし、３条違反や４条１項11号等の理由による無効審判請求については、設定登録から５年が経過した後は請求できないことになっています（47条）。これは、特許法にはない仕組みで、５年間商標権が有効に存在したという状態を尊重したものです。

6　登録異議・商標無効審判
商標掲載広報の発行から２カ月以内であれば、誰でも特許庁に登録異議の申し出をすることができます（43条の２）。また、利害関係人であれば、特許庁に対し商標無効審判を請求できます（46条）。

４　登録後どうやって商標を使用するの？

商標登録後は、当該商標を独占的に使用できます。他人の使用を排除できるのは、指定商品や指定役務が類似する場合、商標が類似する場合にも可能ですが、自分が独占的に使用できるのは、指定商品・指定役務と同一の商品、役務について、同一の商標を使用する場合のみです。使用される商標が他人の商標と近くなりすぎると消費者が区別しにくくなるためです。

次に、登録商標を使用する方法としては、自分でその商標を使用する場合と他人に許諾（いわゆる**ライセンス契約**[7]）して使用させ、ライセンス料をもらう場合があります。

7　ライセンス契約
他人に許諾して使用させる場合には、特許法と同様、通常使用権と専用使用権があります。専用実施権は、設定すると商標権者が使用できなくなり、許諾を受けた者は独占的に商標を使用でき、侵害者に対し差止請求や損害賠償請求をすることもできるが、登録をしないと効力が発生しません。ライセンス料の定め方には金額を最初から決める方法もありますが、売上高に対する一定の割合とする方法（ランニング・ロイヤリティ方式）もよく用いられています。

他の人から不使用取消審判を請求され、３年間以内に当該商標を使用していることを証明できない場合には、商標登録は取り消されます（50条）。これは、使用されていない商標が溜まっていくと、他の業者が使用できる商標が限られるためです。登録商標と同一ではなく類似している商標を使用しても、３年以内に商標を使用していることになりません。

５　商標権はいつまで効力があるの？

商標権の存続期間は設定登録の日から10年ですが（19条）、特許法や著作権法と異なり、何回でも登録料を支払って更新することができます（同２項）。特許法はその技術を永遠に他社が使用できなければ技術の発展を妨げます

コラム⑮-2　歌手名やタイトルの商標登録ができない？

音楽のCDやDVDなどを販売する際、音楽のグループ名や歌手名は当然表示しますので、これを商標登録したいと思う事業者は多いはずです。しかし、日本の特許庁および裁判所は、レコードや音楽ファイル、ビデオディスク等を指定商品とする音楽のグループ名や歌手名の商標登録を認めないという立場を取っています。過去には『グローブ』や『ハウンドドッグ』が登録を拒絶されました。

『LADY GAGA』を商標出願した事件（知財高判平25年12月17日）では、『LADY GAGA』の表示をみる人は、収録曲を歌っている人（レディー・ガガ）を表示していると認識する、すなわち商品の出所ではなく商品の品質（内容）を表示したものと認識するので商標法３条１項３号に該当するとしました。また、レディー・ガガ以外の人が歌ったCDに使用される可能性があるため、商標法４条１項16号（品質誤認表示）にも違反するとしました。

しかし、これでは安心して歌手名に信用を蓄積させていくことが困難となるため、このような特許庁や裁判所の立場には多くの批判があります。

同様に、書籍や映画などの著作物の題号（タイトル）も、定期刊行物のタイトルなどの場合を除き、商品の内容を示すものとして、商標法３条１項３号に該当し商標登録できないとされています。たとえば、夏目漱石の著作権が切れるのを見越して、遺族が『夏目漱石小説集』を商標登録しようと試みたものの拒絶された例があります。

他方で、ある名称を自分の著作物の題号として使用している場合、その名称を商標登録していた第三者から訴えられた場合は、商標としての使用（商標的使用）ではないことを理由に侵害が否定されています。たとえば、原告が『朝バナナ』を商標登録していたところ、被告が『朝バナナダイエット成功のコツ40』という書籍を販売した事案について、侵害には当たらないと判断されています（東京地判平21年1月12日）。

が、商標はそれぞれの業者がそれぞれの商標に信用を得ていけばよく、更新を認めても弊害が少ないからです。

6　他人の商標の使用をやめさせるには？

商標権を行使できるのは、①他人の使用する商標が登録商標と類似し、②他人が商標を使用している商品や役務が登録商標の指定商品・指定役務と類似し、③他人による商標の「使用」がある場合です。このような場合、商標を付けて商品を販売する行為の差止めや、発生した損害の賠償を求めることができます[8]。

(1)　商標の類似性　まず、他人の商標が自分の登録商標と類似している必要があります。この類似性は、商標の外観（見た目）、称呼（呼び方）、観念（想起させるイメージ）と取引の実情で判断するとされています（**資料⓯-2**）。

仮に、登録商標『がりんこせんべい』に対し、他の人が「がりんと」や「ありんこ」の名前の標章をせんべいや洋菓子で使用しているとします。まず、類似性を判断する際は、識別力のない部分（地名や「株式会社」など）は除外して比較しますので、『がりんこせんべい』であれば「せんべい」の部分を除外し「がりんこ」の部分で比較します。そして、外観、称呼、観念が類似するかを検討しますが、「がりんと」であれば、称呼や観念が似ているので類似性は認められそうです。他方で、「ありんこ」だと蟻の観念が生じ、観念が似ておらず、称呼も少し異なるので類似とは認められなくなりそうです。

(2)　商品・役務の類似性　次に、他の人が、自分の登録商標の指定商品・指定役務と類似する商品・役務に商標を使用していることが必要です。権利範囲をわかりやすくするためです。たとえば、指定商品を「菓子」として『がりんこ』を登録していても、自動車会社が『GARINKO』という名前の自動車を販売することは商標権では止めることができません。

(3)　商標の使用　商標法は２条３項で「使用」の定義を置いて、この「使用」に該当しない場合には侵害にはならないとしています。侵害となる使用を明確化するためです。たとえば、商品やその包装に商標を付する行為（１号）、付した商品を販売、提供等する場合（２号）、バスに商標を付けるなど役務の提供に当たり利用する物に商標を付す場合（３号）や付した物で役務を提供する場合（４号）、ホームページ、広告、取引書類などで使用する場合（８号）などがあります。

さらに、２条３項の「使用」には当たる場合でも、他人が商品や役務の出所を区別するための商標として使用（いわゆる**商標的使用**[9]）していない場合には侵害は成立しません（商標法26条１項６号）。

7　商標権侵害にならない場合

6の①〜③を満たす場合でも以下の場合は商標権侵害となりません。

(1)　商標無効の抗弁　商標権侵害訴訟を起こされた場合、被告は原告の登録商標が商標法３条や４条等に規定に違反するもので無効であると主張することができます（商標法39条、特許法104条の３）。これは特許無効の抗弁（**❾**参照）と同じです。ただし、既にみたように、３条違反や４条１項10号、11号違反などは商標登録から５年経過すると無効審判の対象にならなくなるため、侵害訴訟でも原則として無効の主張ができなくなります。ただし、例外

➡８　損害の推定規定について、**コラム⓾-３**参照。

➡９　**商標的使用**
たとえば、サントリー社の製品と比較する広告（比較広告）のために「サントリー」の商標を使う場合や、ブラザー用のプリンターに使用するインクリボンについて「ブラザー用」と書く場合には商標的使用ではないので侵害は成立しないとされています。このような使用がされても、それによって商品や役務の出所が不明となり購入者が誤って購入するわけではないためです。

的に５年経過後の権利行使が権利の濫用として許されなくなる場合もあります（エマックス事件：最判平29年２月28日）[10]。

⑵　**先使用の抗弁**　　商標の出願前から他人が商標を先に使用して購入する人に広く認識されていた場合には、その人は先使用を理由に商標の使用を続けることができます（32条）。商標を先に使用して、実際に信用を蓄積させている状態を保護するためです。

⑶　**記述的表示など**　　商標が登録されていても、自己の氏名、肖像を用いることや、商品の普通名称、産地、原材料等を普通に用いられる方法で表示することは許されます（26条）。たとえば、『がりんこせんべい』の商標が登録されたとしても、他の業者が「食感ががりっとしたせんべい」などと表示する場合には権利行使できません。原材料や産地を表示して、購入者に有益な情報を与えることが妨げられてはならないからです。

⑷　**商標の機能を害さない場合（商標機能論）**　　既にみたように、商標を保護するのは、商標によって商品役務の出所を明らかにして、他の商品役務と区別するためです（いわゆる出所識別機能）。そのような商標の機能を害さないような場合であれば、商標権侵害として規制する必要はありません。

たとえば、商標権者が自分で商品を売り、これを買った人がそのまま他の人に売る場合、形式的には商標の「使用」に当たるものの、商品の出所がそれによってわからなくなるわけではないので侵害にはなりません。しかし、その商品の中身を変えたり、小分けにして販売したりする場合には、これが商標権者の売ったものと誤解されて商標権者の信用が害されてしまうおそれがあるので侵害となります[11]。また、外国で売られて日本に輸入された物（いわゆる並行輸入）であっても、外国で売ったのが日本の商標権者やそれと同視しうる者であり、品質にも差がない場合には、商標の機能を害さないので侵害になりません（フレッドペリー事件：最判平15年２月27日）。

➾10　エマックス事件
商標登録時点で第三者が広く知られた商標を使用しており、本来は４条１項10号違反となるはずの商標が登録された場合には、その広く知られた商標を使用していた第三者だけは商標権の行使が権利濫用であることを主張できることを明らかにしました。

➾11　携帯電話機（iPhone）について本来インストール不可能なアプリをインストールできるように改変したいわゆる「脱獄iPhone」の販売も、出所表示機能などを害するとして商標権侵害が認められました（千葉地判平29年５月18日）。

資料⓯－２　過去の判決における商標の類似性の判断例（図形等は省略している）

登録商標	被疑侵害標章	外観	称呼	観念	結論
DNA	横浜DeNA ベイスターズ	× 非類似	△ 一部類似	× 非類似	× 非類似
とんかつ和幸	和幸食堂	× 非類似	○ 類似	○ 類似	○ 類似
ART	HART	△ 微妙	× 非類似	× 非類似	× 非類似
フェルガード	フェルゴッド	× 非類似	× 非類似	? 不明	× 非類似
MONSTER GATE	MONSTER GAME	○ 類似	○ 類似	× 非類似	○ 類似
LOVE BERRY	オシャレ魔女 ラブ and ベリー	× 非類似	○ 類似	× 非類似	× 非類似

第 II 部

応用編

18歳からはじめる知的財産法 16

転職するときに気をつけることは？

▶ 競業避止契約と秘密保持契約

設例 Aさんは B 社で営業を担当しており、今の顧客を一から自分で開拓して業績を上げてきました。しかし、今年になって支店長が替わってからというもの、自分が評価されていないと感じるようになりました。転職サイトをみたところ、ライバルの大手C社は給料が高いようなので、転職を考えています。C社に移っても B 社でお得意先だった方々とはお付き合いを続けたいのですが、自分が開拓した顧客なので問題はないですよね？

1 競業避止義務と秘密保持契約

労働者は、副業として競合企業で働いたり、競合する事業を起業したりしてもよいのでしょうか。また、在職中に知りえた情報を外部に漏らしてよいのでしょうか。これらの問題は、副業や転職の際に生じやすく、前者は**競業避止義務**の問題、後者は**秘密保持義務**の問題と呼ばれます。

在職中の競業避止義務や秘密保持義務は、労働契約に付随する**信義則**[1]により生じると考えられています。しかし、退職後にも競業避止義務や秘密保持義務が存続するかは議論が分かれています。

2 退職後の競業避止義務

労働者には**職業選択の自由**[2]があります。そのため、退職後に労働者の自由を制限する競業避止義務を課すためには、労働者自らの意思による明確な合意が必要です。従業員である間は**就業規則**[3]で職場の規律を定めることができますが、退職した労働者に対しては就業規則の効力は原則として及びません。

もし、退職した労働者の起業や競合企業への転職をやめさせたいのであれば、会社は労働者と個別に競業避止を約束してもらう**特約**を締結する必要があります。競業避止義務を定める特約が有効である場合、労働者は以下の請求を元の使用者から受けることがあります。

⑴ **債務不履行**　退職後に競業を営んだ元従業員に対しては、**債務不履行**[4]責任を根拠として損害賠償が請求されることがあります。ただし、特約が常に有効となるわけではありません。競業避止義務の目的が正当であり、かつ、禁止される競業の範囲が広すぎない場合に限って特約は有効となります。裁判例では、労働者の在職期間、在職中の地位、競業が禁止される範囲、代償措置（義務を課される代わりに得られる手当や報酬）の有無などに照らして合理性を欠き、労働者に著しい不利益を課すような場合には、競業避止の特約が**公序良俗**[5]に反して無効になるとされています（フォセコ・ジャパン・リミテッド事件：奈良地判昭45年10月23日）。すなわち、企業のノウハウや秘密

➾ 1　**信義則**
正確には「信義誠実の原則」といいます。民法1条2項では「権利の行使及び義務の履行は、信義に従い誠実に行わなければならない。」と定めており、契約を締結した当事者の間では信頼関係を破壊しないよう努める義務が生じます。

➾ 2　**職業選択の自由**
憲法22条1項：何人も、公共の福祉に反しない限り、居住、移転及び職業選択の自由を有する。

➾ 3　**就業規則**
会社等が従業員に対して一方的に定めるルールです。職場の労働条件は、①労働契約、②労働協約、③労働基準法や労働契約法といった法令に加え、④就業規則によっても規律されます。就業規則は、勤務時間や休憩の取り方、それに賃金がどのように支払われるか等、仕事をする上で必要となる様々なルールを会社が定めるものです。常時10人以上の労働者がいる事業場では作成が義務づけられています（労働基準法89条）。

➾ 4　**債務不履行**
債務不履行責任とは、契約上定められた義務（債務）を守らないことに対して民法上課されるものです。違反があった場合、民法415条に基づき、損害賠償を請求されることがあります。

➾ 5　**公序良俗**
「公の秩序又は善良の風俗」の略。民法90条が定める法律の原則であり、いくら契約としては有効に成立していたとしても、人身売買を内容としていたり男女を差別したりすることを内容とするなど反社会的な契約については無効とされます。

を保護するための競業避止義務であれば正当なものと判断される可能性が高いでしょう。しかし、正当な目的があったとしても、競業を禁止する期間が５年にも及んだり、同種の業務を営む会社への就職をすべて禁止したりするような場合には無効とされる可能性が高くなります。

(2) **不法行為**　では、競業避止義務が特約により課されていない場合であれば労働者は自由に競業行為を行うことができるかというと、必ずしもそうではありません。最高裁は、三佳テック事件（最判平22年３月25日）において、「元従業員の競業行為が，社会通念上自由競争の範囲を逸脱した違法な態様で雇用者の顧客を奪取したとみられるような場合等は、不法行為を構成することがある」と述べ、競業避止契約が存在しない場合においても**不法行為**[6]を根拠として損害賠償請求が認められる余地があると判示しています。

(3) **退職金不支給・減額**　競業行為があった場合に退職金を不支給または減額とする条項を就業規則等に設けておき、それに基づき、従業員の退職金が支給されなかったり、減額されたりすることがあります。

就業規則の退職金減額の条項の有効性については、退職金を支給した後に競業行為が発覚し、退職金減額条項を根拠に会社が元従業員に差額の返還を求めた裁判例があります（三晃社事件：最判昭52年８月９日）。最高裁は「会社が営業担当社員に対し退職後の同業他社への就職をある程度の期間制限することをもって直ちに社員の職業の自由等を不当に拘束するものとは認められず、支給額を一般の自己都合による退職の場合の半額と定めることも合理性のない措置であるとすることはできない」として、退職金減額条項を有効としました。以降の裁判例には、背信性が極めて高い場合に限り就業規則の退職金不支給・減額条項を有効とするものが多くあります。

6　不法行為
民法709条は「故意又は過失によって他人の権利又は法律上保護される利益を侵害した者は、これによって生じた損害を賠償する責任を負う。」と定めています。たとえば、自動車が横断歩道を渡っていた歩行者をはねてケガをさせてしまったような場合、不法行為が成立すると認められると、加害者には治療費や慰謝料を支払う義務が生じます。

3　退職後の秘密保持義務

退職後の元の会社に対する秘密保持義務は、前述の競業避止義務と同様に特約により生じる場合に加え、不正競争防止法により生じる場合もあります。

コラム⑯-1　労働者ではない者に対する競業避止義務・秘密保持義務

実務上、労働者でない者との契約で、秘密保持義務などを定めることも多く行われています。

たとえば、現在のものづくりでは、製品の開発や設計は自社で行うものの、製品の製造は外部の企業に依頼することが少なくありません（いわゆるファブレス企業）。ですから、製品の製造を担う企業は、複数のメーカーから同時に製品の製造を依頼されるケースも多数あり、競合他社の製品が１つの工場で製造されることもあり得ます。

そうすると、製品の製造を依頼する際には、自社製品に関する情報が競合他社に漏れないよう、開発や設計をする企業と製造を担う企業との間の製造を依頼するための契約には、秘密保持義務の条項が入ることが通常です。この条項の有効性が問題とされることはほぼありません。労働者に対する場合と違い、職業選択の自由などの問題がないからです。

さらに、自らの製品と競合する製品の製造の依頼を受けない、といった競業避止に近い内容の条項を入れることが認められれば、依頼する側としては万全です。しかし、製造の依頼を受ける側としてはそれを受け入れてしまうとビジネスの幅が狭まってしまいますし、他の開発や設計をする企業の事業活動の排除につながってしまいますので、公正な競争秩序を害するおそれが生じます。したがって、必ずしも有効であるとはいえません。この点は、主に独占禁止法上の問題として議論されます。

⑴　**退職後の秘密保持義務の有効性**　　裁判例では、①対象となる秘密が特定され、労働者が秘密と認識した状態で管理されていること、②対象となる秘密に重要性・独自性があること、③労働者の職務内容、地位等に照らし秘密保持義務を課す合理性のすべてが認められる場合に、秘密保持義務の定めが有効とされています（ダイオーズサービシーズ事件：東京地判平14年８月30日、トータルサービス事件：東京地判平20年11月18日、関東工業事件：東京地判平24年３月13日）。なお、①について、特約による秘密保持義務の対象は、不正競争防止法２条６項の営業秘密に限られません。

競業避止義務に比べると、秘密保持義務は有効性を認められやすい傾向にあります。裁判例が特約による秘密保持義務を有効とする際、義務が及ぶ地域・期間の限定や代償措置の有無は問題となりません。その理由は、秘密保持義務は競業避止義務と比べ退職後の労働者の職業選択の自由に対する制約の度合いが緩やかであるためといわれています。

⑵　**不正競争防止法上の保護**　　不正競争防止法における**営業秘密**とは、「秘密として管理されている生産方法、販売方法その他の事業活動に有用な技術上又は営業上の情報であって、公然と知られていないもの」とされています（不正競争防止法２条６項）。そして、営業秘密を保有する事業者からその営業秘密を「示された」場合に、「不正の利益を得る目的」もしくは「営業秘密保有者に損害を加える目的」で営業秘密を使用したり開示したりする行為は**不正競争**[7]に当たります（法２条１項７号）。不正競争に対しては、不正競争の差止め（法３条１項）、損害賠償（法４条）、不正競争となる行為を組成した物の廃棄または不正競争に供した設備の除却（法３条２項）、信用回復措置（法14条）などの救済が認められます。さらに、営業秘密保護違反には刑事罰も科されます（21条）。同条には「従業者であった者」が罰則の対象に明示されているので、退職後の従業員も不正競争防止法の対象です。

➡7　**不正競争**
コラム❶－３を参照。

では、不正競争防止法により営業秘密保護の義務を負うにもかかわらず、秘密保持義務が企業において広範に「特約」として締結されるのはなぜでしょうか？

多くの企業では、入社時の「誓約書」、在職中の就業規則、退職時の「秘密保持契約」と、各ステージにおいて秘密保持義務を課そうとしています。これは、不正競争防止法によってカバーされない部分も特約でカバーすることができるためです。たとえば、顧客名簿を労働者自身が作成していた場合、前述の「示された」という要件を満たさないことになります。また、不正競争防止法の営業秘密として保護されるためには、情報がパスワードで管理されている、あるいは鍵のかかるロッカーにしまわれている等「秘密として管理されている」こと（秘密管理性）が必要ですが、このような管理がされていない機密事項は不正競争防止法による保護を受けられません。そのような場合にも特約でカバーできるのが、企業にとってはメリットでしょう。

一般にどのような内容で秘密保持契約が締結されているかは、経済産業省の契約モデルでみることができます（資料⑯－１を参照）。

４　競業避止義務と秘密保持義務の関係

秘密保持義務違反を理由に元従業員の責任を問う場合には、営業秘密を特定した上でそれが使用・開示なされたことや、それにより損害が発生したこと等を、責任を問う側が証明しなければなりません。この証明は簡単ではありません。対して、競業避止義務違反を理由に損害賠償等の請求をする場合には、競業行為がなされたことを証明すれば足ります。

ですから、元従業員が営業秘密を不正に利用して競業行為をしている事案では、競業避止義務違反を理由にする方が、より簡単に損害賠償等の請求が認められます。ただ、競業禁止特約は、秘密保持特約よりも合理性が厳しく判断される傾向があります。なぜなら、秘密保持特約は労働者の職業選択の自由や営業の自由を直接制限しないため、比較的緩やかに有効性が認められるのに対して、競業禁止特約は労働者の職業選択の自由や営業の自由を直接制限するため、より有効性を厳しく判断されるからです。

5　設例の場合

冒頭の設例については、AさんがB社に在職していた時に、個別の競業避止特約や秘密保持契約を締結していたか、B社の就業規則等には退職金を不支給・減額とする条項があるか、Aさんの行為が不正競争防止法の営業秘密違反になるかを検討していく必要があります。不正競争防止法違反になるかどうかは上述の要件に当てはまるかにより判断されますが、競業避止や秘密保持の義務をAさんが負っているかどうかは、Aさんの行為の態様や特約の内容によって個別に判断されることになります。顧客名簿も営業秘密の保護の対象となりますが、設例では顧客を一から開拓したとあり、顧客名簿が使用者から「示された」ものには当たらないため、Aさんが退職後に顧客名簿を用いても不正競争防止法違反にはならないでしょう。

資料⑯-1　経済産業省が示す秘密保持誓約書のモデル

この度、私は、貴社に採用されるにあたり、下記事項を遵守することを誓約いたします。

記

第1条（在職時の秘密保持）

貴社就業規則及び貴社情報管理規程を遵守し、次に示される貴社の秘密情報について、貴社の許可なく、不正に開示又は不正に使用しないことを約束いたします。

① 製品開発に関する技術資料、製造原価及び販売における価格決定等の貴社製品に関する情報〈以下略〉

第2条（退職後の秘密保持）

前条各号の秘密情報については、貴社を退職した後においても、不正に開示又は不正に使用しないことを約束いたします。退職時に、貴社との間で秘密保持契約を締結することに同意いたします。

第3条（損害賠償）

前二条に違反して、第一条各号の秘密情報を不正に開示又は不正に使用した場合、法的な責任を負担するものであることを確認し、これにより貴社が被った一切の被害を賠償することを約束いたします。

第4条（第三者の秘密情報）

1. 第三者の秘密情報を含んだ媒体を一切保有しておらず、また今後も保有しないことを約束いたします。
2. 貴社の業務に従事するにあたり、第三者が保有するあらゆる秘密情報を、当該第三者の事前の書面による承諾なくして貴社に開示し、又は使用若しくは出願させない、貴社が使用等するように仕向けない、又は貴社が使用等しているとみなされるような行為を貴社にとらせないことを約束いたします。

第5条（第三者に対する守秘義務等の遵守）

貴社に入社する前に第三者に対して守秘義務又は競業避止義務を負っている場合は、必要な都度その旨を上司に報告し、当該守秘義務及び競業避止義務を守ることを約束いたします。

18歳からはじめる知的財産法 17

インターンシップ中にすごいものができました！

▶ 職務上創作された知的財産の帰属

設例 Aさんは、B雑誌社でのインターンシップに参加しました。職場体験中、配属先で指導役だった記者に頼まれ、就業時間内に「大学生のリアルな日常」と題するコラムをタウン誌のために執筆しました。そのコラムが編集長の目に留まり、B社の月刊誌にも掲載されました。ところが、実際の誌面に執筆者としてAの名前は掲載されていませんでした。Aさんは、B社に対して、記事に執筆者として自分の名前を入れるように求めたり、原稿料を支払ってもらったりすることはできるのでしょうか？

1 職務上創作された著作物は誰のもの？

著作物[1]の創作、すなわち、思想または感情を創作的に表現する行為は人間の営みであるとされており、**著作者**[2]になれるのは原則として**自然人**[3]に限られます。しかし例外的に、著作物を創作した者が属する**法人**が著作者となる場合があります。具体的には、ある著作物が、①法人等の発意に基づき、②法人等の業務に従事する者が職務上作成し、③法人等が自己の著作の名義の下に公表するものであって、④勤務規則その他に別段の定めがない場合は、法人等が著作者となります（**職務著作**：著作権法15条1項）。

要件①の「発意に基づく」とは、具体的に著作物を創作するよう命令・提案したのが使用者であることを条件とする趣旨ではなく、著作物を創作意思が使用者の直接または間接の判断によるであればよいとされます。つまり「発意」は、使用者から具体的な命令がなくても、使用者の間接的な意図の下に著作物が創作した場合を含みます。たとえば、地方自治体と大学が締結した契約に基づいて共同研究に従事した大学の研究者が作成した年次報告書は、大学から具体的な執筆の指示がなくても職務著作になります（北見工業大学事件：知財高判平22年8月4日、**コラム⑰-1**を参照）。

要件②はさらに〈a〉法人等の業務に従事する者であること、〈b〉職務上作成すること、に分けられます。

〈a〉は法人等と雇用関係にある者が代表例です。ただ、雇用契約（労働契約）がなくても法人等からの指揮・監督関係があれば、従業者ではない取締役や派遣労働者等であっても法人等の業務に従事する者とされます。裁判例には、観光ビザで来日して雇用契約なしにアニメ制作に従事した外国人デザイナーによる作成物が職務著作に当たるかが争われた事例で、法人等の指揮監督下において労務を提供しているか、法人等がその者に対して支払う金銭が労務提供の対価であるかをみて〈a〉の要件を判断するという手法を示し、雇用関係がない場合にも職務著作を認めたものがあります（RGBアドベン

---

[1] 詳しくは、本書❷を参照。

[2] 詳しくは、本書❸を参照。

[3] **自然人と法人**
法律学では《人》という概念を2種類の存在から構成されるものと考えます。まず1つ目が生き物である人間（ヒト）で、区別のためにこれを《自然人》と呼びます。そしてもう1つが、会社・学校・地方自治体などの《法人》です。裁判で当事者になることができる（訴えを起こしたり訴えられたりする）のは《人》だけとされており、イヌに噛まれたとしてもイヌを相手取って裁判を起こすことはできません。しかし、未払いの賃金を支払ってもらおうというような場合には会社等を相手として訴訟を提起する必要があることから、法が会社等を擬似的に《人》として扱うことにしているのです。

チャー事件：最判平15年４月11日)。

〈b〉は与えられた仕事として著作物を作成することです。これに関しては、海外研修期間中に具体的な指示なしに作成したプログラムが、職務上作成することが予定されていたとして職務著作と認められた例があります(宇宙開発事業団事件：知財高判平18年12月26日)。他方、特許事務所の所長が所員から執筆者を募集し、勤務時間外に無報酬で執筆するよう所長が指示した本の原稿は、職務上作成されたものではないとした例があります(知的財産権入門事件：東京地判平16年11月12日)。

要件③について、法人等名義での公表が予定されているものや、仮に公表するならば法人等の名義になるようなものを含みます。たとえば、開発途中の設計書や仕様書であっても職務著作になりえます(新潟鉄工事件：東京高判昭60年12月４日)。なお、プログラムの著作物については、機器の中に組み込まれていることが多い上、頻繁に改変が行われるという事情から、要件③は課されていません(著作権法15条２項)。

要件④について、勤務規則などで実際に創作した従業者を著作者とすることを定めている場合には、実際に創作した従業者が著作者になります。

冒頭の設例は、問題のコラムの著作者が誰になるのかで結論が分かれます。「法人等の業務に従事する者」に当たるかどうかは、法人等の指揮監督下において労務を提供する実態があり、法人等が支払う金銭が労務提供の対価といえるかを総合的にみて判断されます。インターンシップであれば、参加者は労働の対価を得ていなかった可能性があります。そうであればＡさんは「法人等の業務に従事する者」には当たらないことになりますから、コラムの著作者はＡさんになります。

この場合、Ａさんはコラムの著作者として**著作財産権**と**著作者人格権**の両方をもちます[4]。したがってＡさんは、著作者人格権の１つである**氏名表示権**[5]に基づいて記事に執筆者として自分の名前を入れさせることができます、また、記事の掲載はＡさんの著作物の複製に当たりますから、著作財

[4] 本書❸を参照。

[5] **氏名表示権**
著作者が自らの著作物をどのような名義で利用させるかをコントロールする人格的な権利をいいます。詳しくは、本書❹を参照。

コラム⑰-1　大学教員の著作物は職務著作？

本書を含めて、大学の教員が執筆した書籍などは職務著作になるのでしょうか。

北見市(北海道)と北見工業大学との環境調査の共同研究契約に基づき、環境分析化学などを専攻する准教授らが研究を行い、研究報告書が作成された事件について著作権者が誰であるか争いとなりました。裁判所は、市と大学との間で共同研究契約が結ばれ、これに基づき准教授らが研究担当者として共同研究に参加し、その研究成果として報告書がまとめられており、それらの事実から北見工業大学の発意に基づき職務上作成されたものであるから、職務著作と認めました(北見工業大学事件・知財高判平22年８月４日)。

このように、大学の教員の著作物でも職務著作として大学が著作者となることがあります。実際、大学では教職員の職務著作を大学帰属とすることを規則で定めているのが見受けられます(東京大学著作物等取扱規則第３条)。

ただし、北見工業大学の事案は、その准教授らがどの部分を執筆したのか執筆分担が明らかになっていなかったという特殊性があります。通常の大学教員の著作物のように、執筆者や執筆分担が明らかになっている場合には、「法人等が自己の著作の名義の下に公表するもの」に該当しないので、職務著作ではなく大学教員が著作者となります。

産権の１つである**複製権**[➡6]に基づく許諾の対価として原稿料の支払いを請求できます。

➡6　**複製権**
著作者が持つ財産的な権利の１つで、これにより他人がする著作物の複製を止めさせたり、複製を止めさせたりしない代わりにお金を支払ってもらう（すなわち複製の許諾をする）こともできます。詳しくは、本書❹を参照。

2　職務発明とは

会社で技術開発の担当者がした発明についての**特許を受ける権利**[➡7]は、一体誰のものになるのでしょうか。

➡7　本書❼を参照。

日本の特許法では、仕事中の発明であっても、「特許を受ける権利」は原則として発明した従業者個人に原始的に帰属するものとされます（**発明者主義**[➡8]）。ただし、発明者の使用者との関係で「職務発明」になる場合に限り、予め一括して発明者から使用者に特許を受ける権利を承継させたり、最初から特許を受ける権利等を使用者に帰属させたりするよう、契約や勤務規則等で定めることができます（特許法35条の**反対解釈**[➡9]）。

➡8　**発明者主義**
特許を取得することができるのは「産業上利用することができる発明をした者」（特許法29条１項）である、という原則のこと。これに対し、誰が本当に発明したかにはかかわりなく最初に出願した者に対して特許を与えようとする考え方が「出願者主義」です。

➡9　**反対解釈**
法律の文言に記された規範をどのように理解するかを考えるための手法の１つ。たとえば敷地の入口に「自動車の進入禁止」という看板があった場合、「自動車ではないものの進入は禁止されていない」＝「歩行者ならば進入してもよい」というふうに理解するのが反対解釈です。

⑴　**職務発明になる場合**　　特許法35条１項は、**従業者**[➡10]のなした発明が「その性質上当該使用者等の業務範囲に属し、かつ、その発明をするに至った行為がその使用者等における従業者等の現在又は過去の職務に属する」場合は**職務発明**になると定めています。

➡10　**従業者**
特許法35条にいう従業者等とは、会社の従業員だけでなく、公務員、取締役、個人事業の従業者をも含む広い概念です。

ここにいう「職務」とは、使用者の指揮命令でされたものを指します。使用者の指示もなく、職務も発明をすることが前提ではない場合であって、会社の設備組織と無関係に発明をした場合には職務発明に該当しません。たとえば、製造部門が無く販売を専門に扱う会社で、技術面とは無関係な市場開発を担当していた従業者が行った発明は、職務には該当しないと判断されます（琺瑯浴槽事件：東京高判昭44年５月６日）。他方、使用者の具体的な指揮命令がなくても、研究開発部門の責任者のように、職務の性質上、発明をすることが前提とされている場合には職務に該当します（石灰窒素炉事件：最判昭43年12月13日）。ただし、例外的に、従業者が会社の指示に反して自発的になした発明であっても、勤務時間中に会社の施設内で設備と他の従業員の労力等を使って完成した発明について、職務該当性を認めた例があります（青色発光ダイオード事件中間判決：東京地判平14年９月19日）。

⑵　**使用者の実施権**　　従業者が職務発明をし、その従業者やその承継人が特許権を得た場合、使用者は無償の**通常実施権**[➡11]を取得します（特許法35条１項）。

➡11　**通常実施権**
通常実施権とは、その特許権の権利行使を受けない権利です。詳しくは、本書**コラム❼**-１を参照。

⑶　**補償金請求権**　　職務発明を承継した使用者は従業者に**相当の利益**を与えなければなりません（特許法35条４項）。以前はこの規定は「相当の対価」を支払うことを定めていました。しかし、オリンパス事件（最判平15年４月22日）において、勤務規則等で定められた対価が相当の対価の額に満たない場合、従業者は使用者に不足額を請求できるとされました。そこで、2004（平成16）年の特許法改正で対価の金額に関する基準等の制定に関する条項が新設されました。

2004（平成16）年の法改正では、契約、勤務規則その他の定めで対価について定める場合、対価を決定するための基準の制定に際し、使用者と従業者との間の協議の状況、基準の開示の状況、額の算定について行われる従業者からの意見聴取の状況等を考慮して、その定めたところにより対価の額を支払うことが不合理なものであってはならないとされ（平16年法35条４項[➡12]）、対価についての定めがない場合や、その支払いが不合理と認められる場合には、

➡12　平成16年改正特許法の35条４項は、基本的に平成27年改正法の35条５項として引き継がれています。

対価の額が、その発明により使用者が受けるべき利益の額、その発明に関連した使用者の負担、貢献、従業者の処遇、その他の事情を考慮して定められるとされました（平16年法35条５項）。

しかし、合理性があるとされる基準が不明確であること、発明者に対する報酬を金銭以外の経済的利益でも発明者に報酬を与えられるようにすることなどの要望が、主に産業界から出されました。

そこで、2015（平成27）年の特許法改正では、「相当の利益」を与える場合の状況等に関する事項について**指針（ガイドライン）**を定めることになりました（平27年法35条６項）。このガイドラインにより、手続が合理的とされる場合がある程度明らかになり、手続が合理的であればそこで定められた利益は相当とされるものと考えられます。また、勤務規則等で相当の利益についての定めがない場合や、その支払いが不合理と認められる場合には、利益の額は、その発明により使用者が**受けるべき利益**[13]の額、その発明に関連した使用者の負担、貢献、従業者の処遇、その他の事情を考慮して定められます（平27年法35条７項）。

加えて、「相当の対価」から「相当の利益」と改められたことで、金銭以外の経済上の利益も含まれることになりました。ガイドラインでは、会社負担による留学や、ストックオプションが例として挙げられています。

さらに、職務発明については、特許を受ける権利を最初から使用者のものとするよう契約や就業規則などで定めることが認められました（平27年法35条３項）。これにより使用者は、発明者が使用者に無断でライバル企業などに特許を受ける権利を譲渡する危険を避けられるようになりました。

13 受けるべき利益
利益の算定時について、平27年改正特許法35条７項では、使用者が「受けるべき」利益の額と定めていることから、承継時における価値に基づいて算定され一時金として受け取るものと考えられますが、実際は承継後に使用者が「受けた」利益を事後的に考慮して相当な利益の額を算定することが認められています。

コラム⑰-2　青色発光ダイオード事件

発光ダイオード（LED）は、電気を直接光に変える点で従来の発行技術よりもエネルギー損失が少ないというメリットがあります。当初、赤色・緑色が開発されていましたが、光の三原色の残り１つである青色の開発は難航していました。赤崎勇氏、天野浩氏が、窒化ガリウム（GaN）を青色発光ダイオードの材料とすることに成功していましたが、実用化に至っていませんでした。徳島県に本社のある日亜化学工業に在籍していた中村修二氏は、当初は会社から３億の開発費用の使用を許され、青色発光ダイオードの開発を行っていたところ、途中から会社に開発中止を命じられましたが、そのまま研究を継続して実用化を成功させました。これによりすべての色の光で発光ダイオードを作ることが可能となりました。中村修二氏はこの発明により、2014年ノーベル物理学賞を受賞しています。

しかし、中村修二氏に支払われた報酬金は２万円でした。そこで中村氏は東京地裁に発明の対価請求の訴訟を提起しました。東京地裁は、発明の対価を算定すべき売上高を１兆2086億円とし、そのうち特許権により会社が発明を独占することにより得ている利益が1208億6012万円であり、そのうち中村氏の貢献度を50％とし、中村氏に払われるべき対価を約600億円と算定しました（東京地判平16年１月30日、認容額は200億円）。しかし、東京高裁は中村氏の貢献度を５％と考えたため、結局約８億4000万円を支払うということで和解が成立しました。

その後、平成16年特許法改正で当事者間の対価決定の手続が合理的であればこれを尊重することになったため、同事件のような巨額の支払いが命じられることは少なくなりそうです。もっとも、当事者での対価決定の手続が不合理である場合や、そもそも対価決定の手続の協議をしていない場合には、多額の支払いを命じられる可能性が残されています。

18 プログラマーに知財って関係ありますか？

18歳からはじめる知的財産法

▶ソフトウェアの法的保護

設例 情報学部の学生Aさんは、将来システムエンジニアになることを目指しています。JavaやPythonなどのプログラミング言語を使って自作のプログラム作りに取り組んでいるのですが、まだ勉強中なのでゼロから自分で組めるほどの力量はありません。そこで、本やネットで他の人の組んだプログラムを参考にしながら組んでいるのですが、これってどこまで許されるのでしょうか？

1 ソフトウェアの法的保護

コンピュータは2進数で動いています。コンピュータに対する命令が書かれたものを「プログラム」といいます。ただ、直接2進数でコンピュータに命令をするのは難しいので、人間が読み書きしやすい表現で書いた命令を、コンピュータに理解できる形式で表された機械語（マシン語）に変換して実行させます。この、人間が読み書きしやすい命令文を「ソースコード」といい、その命令文を書くために用いられるJavaやPythonなどは**プログラミング言語**と呼ばれます。

かつて、コンピュータプログラムが知的財産権の保護の対象になるかどうか、なるとすればどの権利によって保護されるのか、が世界的に議論になりました。議論になっていた当時、アメリカはコンピュータプログラムの開発で世界的に先行していました。そこでアメリカは、自国の産業を保護するため、保護期間が長く権利の発生に手続を必要としない著作権による保護を主張し、貿易交渉の場などで他国に著作権によるコンピュータプログラムの保護を導入するよう圧力をかけました。その結果、日本でも1985（昭和60）年の法改正で著作権法10条1項9号に**プログラムの著作物**が明示されました。

(1) プログラムと著作権　著作権法10条1項では「言語の著作物」が著作物の例として挙げられています。この「言語の著作物」とは、あくまで「言語を使って」創作的に表現されたものを指すのであって、日本語のような「言語」そのものは著作物ではありません。同じように、「プログラミング言語」も表現のための手段にすぎないため、著作物にはなりません（10条3項）。

著作権法は、「電子計算機を機能させて一の結果を得ることができるようにこれに対する指令を組み合わせたものとして表現したもの」を「プログラム」として定義しています（2条1項10号の2）。この定義からは、プログラミング言語を使って表現された**ソースコード**も、ソースコードを変換してマシン語とした**オブジェクトコード**[1]も著作権法上の「プログラム」に当たります。

ところで、著作権法が保護の対象とするのは多様な表現が望まれる〈文化〉の世界です[2]。しかし、プログラムに期待されるのは表現が多様であるこ

1 ソースコードとオブジェクトコード
本章の冒頭でも簡単に述べましたが、人間が読み書きしやすい文字列（例：int main (void){printf( ) ; return 0 ; }など）で記述されるのが「ソースコード」です。しかし、コンピュータは2進数（バイナリ）で動いていますので、このような文字列のままだと機械には理解できません。そこで、ソースコードをコンパイラやインタプリタを用いて実行可能な状態（例：01000111）にしたものが「オブジェクトコード」あるいは「バイナリコード」です。

2 本書❷を参照。

とではなく、コンピュータを効率的に機能させることです。したがって、開発が進むほどプログラムは誰が書いても似通った構成となっていく傾向にあります。さらに、プログラムには、従来のものに改良を施すことで更なる効率性を実現できるという積み重ねの要素が強く、著作権による長期の保護は弊害が生じます。

そこで、通常の著作物とは扱いを変え、プログラムの著作物には高度の創作性を要求すべきとの考え方が登場しました。アイデアと表現の区別を活用し[3]、プログラムの著作物については〈アイデア〉の領域を広く取ることによって、実質的に表現の創作性の要件の高度化を果たしています。

3 本書❷2の《アイデア・表現二分論》を参照。

(2) **プログラム著作物の特徴**　このように、プログラムには通常の著作物とは異なる性質があるので、著作権法ではプログラム著作物に関する例外をいくつか定めています。

▶職務著作の著作者　通常の著作物は、従業員等が職務として創作し、かつ、会社名義で公表された場合には、会社等が著作者となります[4]。これに対しプログラムの場合は、従業員等が職務として創作したプログラムであれば、会社名義で公表されなくとも、会社等が著作者となります。

4 職務著作については、本書⓱1と⓱2を参照。

それというのも、通常の著作物に比べるとプログラムは創作者の人格的利益の付着の度合いが低い上、多数の組み合わせによって構成されていたり、企業内部で使用され公表を予定していなかったりすることも多いためです。

▶所有者による複製　ソフトウェアをバックアップする行為は、プログラムの著作物の複製に当たります。個人的に使ったり家族で使ったりするための複製であれば、私的使用のための複製行為に当たるので無許諾であっても複製権侵害とはなりません（著作権法30条[5]）。ただ、企業等がソフトウェアをバックアップする行為は「私的複製」とはならず、無許諾で行えば複製権侵害のおそれが生じます。これでは自由にバックアップすることができないため、プログラムが複製された媒体（例：USBメモリや光ディスク）の所有権をもつ者が「実行するために必要と認められる限度」の複製は複製権侵害とな

5 本書❻2(1)を参照。

コラム⓲-1　AIが生成した成果

AI（人工知能）に関する技術がめざましい進歩を遂げた結果、これまでは頭脳をもっているヒトにしかできないと思われていた創作行為を、AIがこなせるようになってきました。たとえば、リクエストに合わせて音楽を作曲するAIや、人物画を描くAIなどは既に登場しています。そうなると、自律的なAIが、ヒトの指示を受けずに生成する創作物の著作権が問題となってきます。

日本の著作権法では、「思想又は感情を創作的に表現したもの」に著作物性を認めます（本章2参照）。この「思想又は感情」は一般に〈生きている人間〉の思想・感情と考えられているため、AIが自律的に創作した生成物には原則として著作権が発生しないとされています。

他方、AIを単なる道具として利用し、人間が主体となって生成した成果物には、それが著作権法上の要件を満たせばAIの利用者に著作権が認められる可能性があります。

たとえば、クリプトン・フューチャー・メディア社が提供する『初音ミク』等にはバーチャルアイドルのキャラクターが設定されているため、まるでAIが歌っているかのように錯覚されるかもしれません。しかし、このようなボーカロイドは「人の声を奏でることのできる楽器」であって、人間がAIを道具として利用しているにすぎないことから、著作者は演奏の指示を出した人間になります。

また、著作権法は権利の主体となれる存在を、原則として自然人（＝生きている人間）に限っており、例外的に職務著作などでは法人（＝会社や学校など）にも権利を認めるという構成をしています。したがって仮想空間におけるバーチャルアイドルとしての『初音ミク』は「実演家」にも該当しません。

しかし、現在開発が進んでいるAIは、多大なコストをかけてビッグデータを活用した自律的AIです。このような自律的AIが生み出す成果物の保護については、今後の議論が待たれます。

らないとされています（著作権法47条の3）。しかし、コピーを作った上でプログラムを譲渡すること等は認められません。また、1台分のライセンスしかないのに複数のパソコンにプログラムをインストールすることは、「実行するために必要と認められる限度」を超えるので許されません。

▶**リバースエンジニアリング**　競合他社が販売しているソフトウェアXと互換性のある製品を開発するため、ソフトウェアXのオブジェクトコードを解析して人間が読むことのできるソースコードに戻す行為は**リバースエンジニアリング**と呼ばれます。リバースエンジニアリングを行う過程でプログラムが複製されることがあり、複製権侵害のおそれが生じます（著作権法21条）。

しかし、リバースエンジニアリングは技術開発に必須です。そこで、著作権法30条の4により、①著作物が「当該著作物に表現された思想又は感情を自ら享受し又は他人に享受させることを目的としない場合」、すなわち**非享受利用**であって、②必要と認められる限度において、③当該著作物の種類および用途ならびに当該利用の態様に照らし、著作権者の利益を不当に害することとならないこと、という3つの要件を満たす著作物の利用は侵害としないこととされています。リバースエンジニアリングの過程での複製がこれらの要件を満たせば、侵害とはなりません。

▶**登録制度の例外**　著作権法は**無方式主義**を採っており、著作物が創作された時点で権利が自動的に発生します[6]。

⇒6　本書❹5を参照。

ただ、著作権法には、無名・変名で公表された著作物の著作者の実名や著作物が創作された日時、著作財産権の譲渡の日時や相手方などを登録する制度（登録制度）が用意されています（著作権法75条以下）。プログラムの著作物も権利の発生に登録が不要である点は同じです。ただ、登録制度では他のジャンルの著作物とは異なる取扱がされています。たとえば、通常の著作物は公表された場合にのみ登録が可能とされているのに対し、プログラムの著作物の場合には公表せずに社内でのみ利用される場合もあるため、公表前であっても創作年月日を登録することが可能となっています（著作権法78条の2、プログラムの著作物に係る登録の特例に関する法律）。なお、登録先は、文化庁の指定団体であるソフトウェア情報センター（SOFTIC）です。

(3)　**設例について**　設例のAさんは、勉強のために他人のプログラムの著作物を参照してプログラムを組んでいる、とのことですね。他人のプログラムの著作物の創作的な表現といえる部分が、Aさんの組んでいるプログラムに再生されているのであれば、プログラムの複製に当たります。ただ、自分の勉強のために自分のマシンで動かしてみるだけなのであれば、私的複製に当たりますので侵害になりません。また、他人のプログラムの著作物のアイデアだけを取り入れて自分でプログラムを組んだ場合は、そもそも著作物の複製に当たりませんので、著作権侵害の問題を気にしなくてもよいことになります。

2　特許権によるソフトウェアの保護

(1)　**ソフトウェア特許の歴史**　現在の特許法では**プログラム**[7]自体を「物の発明」として定義し（特許法2条4項、2条3項1号）、特許権による保護を講じていますが、ここに至るまでは紆余曲折がありました。

⇒7　**プログラム**
特許法2条4項では、「プログラム」を「電子計算機に対する指令であつて、一の結果を得ることができるように組み合わされたもの」と定義しています。

コンピュータプログラムを特許法で保護する上で最大の問題となったのは、はたしてプログラムは「自然法則を利用」したものといえるのか、という発明の定義[8]（特許法２条１項）に関する点でした。

かつては、「マイコン制御全自動洗濯機」などを念頭に置き、コンピュータプログラム自体は自然法則を利用していないが、発明の全体として自然法則を利用していればよい、とされていました。しかし、技術の発展に伴ってプログラム（ソフトウェア）が単体で取引されるようになり、プログラム作成に多大な投資を要するようになったこと等から保護の要請が高まりました。そこで、機械制御のための技術的なソフトウェアに加え、1993（平成５）年の審査基準改定で経理ソフトのような非技術的ソフトウェアも特許の対象とされました。さらに、2002（平成14）年の特許法改正により、プログラム自体が**物の発明**[9]として保護されることになったのです。

⑵　ソフトウェアの特許　　特許制度により保護されるプログラムとはどのようなものかについては、特許庁の「コンピュータソフトウエア関連発明」に係る審査基準が参考となります[10]。これによると、「ソフトウエアによる情報処理がハードウエア資源を用いて具体的に実現されている場合」、すなわち、「ソフトウエアとハードウエア資源とが協働することによって、使用目的に応じた特有の情報処理装置又はその動作方法が構築される場合」には発明に該当すると認められます。

したがって、特許請求の範囲には、そのプログラムによる情報処理が、ハードウェア資源（例：コンピュータ装置、CPU、メモリ）を用いてどのように実現されるのか明確に記載する必要があります。

➾８　本書❽５を参照。

➾９　**物の発明**
ソフトウェアは情報という〈無体物〉であるのにプログラムを「物の発明」という扱いにしているのは奇妙なところなのですが、これには理由があります。民法85条には「「物」とは、有体物をいう」という定義があるため、《物》という扱いになっていなければ、譲渡行為等をめぐって紛争が生じたときに法的な保護が受けられなくなるおそれがありました。そこで、特許法では「物（プログラム等を含む）の発明」というふうに定義することにしたものです。

➾10　特許庁『特許・実用新案審査基準』第Ⅲ部「特許要件」第１章「発明該当性及び産業上の利用可能性」附属書Ｂ「『特許・実用新案審査基準』の特定技術分野への適用例」第１章「コンピュータソフトウエア関連発明」18頁以下に詳しい記述があります。

コラム⑱-２　著作権侵害を簡単にするソフトウェアを開発したら？

ユーザーの著作権侵害を簡単にできるようにするソフトウェアを開発した場合、著作権侵害の責任を負わされるのでしょうか。

著作権の世界では、ユーザーに複製や演奏を行わせるサービスや機器の提供をした人について著作権侵害を認める判決が数多く出ています。たとえば、カラオケスナックにおけるカラオケ伴奏を伴った客の歌唱について、カラオケスナックの経営者に演奏権侵害の責任を認めました（クラブキャッツアイ事件：最判昭63年３月15日）。また、親機と子機からなる『ロクラクⅡ』という機器について、親機はサービス事業者のところに置いておき、ユーザーが子機を通じて親機に指示を送ると親機がテレビ番組を録画し、子機に番組を送信するというテレビ番組録画送信のサービスについて、最高裁は、サービス事業者が複製の実現に枢要な行為をしているとして、サービス事業者を複製の主体と判断しました（最判平23年１月20日）。また、機器の提供が著作権侵害の幇助（助けること）として損害賠償が命じられることもあります。

それでは、著作権侵害を助けるソフトウェアはどうでしょうか。著作権侵害にしか使用できないソフトウェアであればその提供は著作権侵害またはその幇助となるでしょう（コラム❹-１の『ときめきメモリアル事件』参照）。これに対し、Peer to Peer 技術を応用したファイル共有ソフト P2P 通信ソフト『Winny』を開発した開発者が著作権侵害の幇助の容疑で逮捕された事件がありましたが、最高裁判所は、開発者に大部分のユーザーが著作権侵害をするという認識（故意）がなかったとして無罪と判断しました（最判平23年12月19日）。新たな技術やサービスが著作権侵害にも使えるというだけで著作権侵害を認めると、インターネット等における新技術の発展が阻害されかねないことを考える必要があります。

18歳からはじめる知的財産法

19 これって盗作じゃないの？

▶パクリ／オマージュ／パロディ

設例 Aさんは小説家を目指して修行中。最初は、いま大流行のマンガに出てくるキャラクターをお借りしたSS（サイドストーリー）を書いていたのですが、途中でさらなるアレンジを思いつきました。鬼にされてしまった妹を元に戻す方法を探す物語に、錬金術に失敗して肉体を失った弟のため身体を取り戻す物語をクロスオーバーさせて執筆中です。これ、有名作品にインスパイアはされましたが、パクリじゃなくてリスペクトだから大丈夫ですよね？

1 二次創作と著作権

創作活動に際しては、意図せずにして他者の作品と似通ったものができてしまうこともあれば、意識的に他者を模倣したり既存の作品を取り込んだりすることもあります。これは、既存の著作物の表現を変更するものとして、❸で触れた翻案権や同一性保持権の侵害となるのでしょうか？ 本章では、「パクリ」「オマージュ」「パロディ」といった行為が、著作権の侵害となるかについて考えてみましょう。

2 依拠していなければ侵害とはならない

❹で触れたように、特許権や商標権と異なり、著作（財産）権や著作者人格権の侵害が認められるには、元の著作物に依拠したものであるという必要があります。たまたま似たようなメロディが出てきた、というだけでは著作権侵害にはならないのです。

もっとも、表現があまりに似ている場合には、元の著作物に依拠して作成されたと判断されてしまうことがあります。服部克久の作曲した『記念樹』が小林亜星の作曲した『どこまでも行こう』と似ているのではないかが争われた裁判では、この2つの曲を数量的に分析したところ旋律の一致が72％に達していたことから「顕著な類似性が、偶然の一致によって生じたものと考えることは著しく不自然かつ不合理」であるとして依拠性が認められました（東京高判平14年9月6日）。

3 アイデアの模倣は許される

日本の著作権法は《アイデア・表現二分論》という立場を採っています。[1] つまり、文章とか絵画といった形で表現されたものをコピーした上、原著作者の氏名を表示せずに公表しようとする行為はやめさせようとしていますが、著作物を産み出す原動力となるアイデアを模倣することは禁じていません。❸で触れた江差追分事件（最判平13年6月28日）において、最高裁判所が

[1] 本書❷4参照。

「思想、感情若しくはアイデア、事実若しくは事件など表現それ自体でない部分又は表現上の創作性がない部分」が似ている場合に翻案権の侵害とならないとしているのは、このことを表しています。

たとえば、SF作品である『スター・ウォーズ／エピソード4』(1977年) は、製作を手がけたジョージ・ルーカスが黒澤明を敬愛していたことから、“戦いから逃れてきた姫を百姓2人が連れて逃げ延びる”という時代劇『隠し砦の三悪人』(1958年) の物語構造を参考にして、R2-D2とC-3POにレイア姫という3人の役回りが形作られたことが語られています[2]。

ストーリー構造ではなくデザイン等の面に影響が現れてくることもあります。たとえば、アニメ『新世紀エヴァンゲリオン』のサブタイトルは極太の明朝体を用い、意図的に折り曲げて配置するタイポグラフィが特徴的ですが、そこには『犬神家の一族』(1976年) 等で市川崑監督が用いた手法からの影響が見てとれます。このような姿勢は**オマージュ**と呼ばれるものです。

裁判にもなった有名な事件として、MUSASHI事件があります。これは、NHK大河ドラマ『MUSASHI』(2003年) の初回放送分「俺は強い！」に黒澤明監督の『七人の侍』(1954年) と類似している表現があるとして、黒澤明の相続人が『七人の侍』の翻案権の侵害などを根拠にNHKを訴えた事件です。似ていたのは、①村人が侍を雇って野武士と戦うストーリー、②キャラクター (島田勘兵衛等) の人物設定、③家の中で待ち伏せし不意打ちしようとしたところ、武芸に秀でた侍は気配を察し言葉をかけて攻撃を制する、④怪しい者を取り押さえたところ女性だと分かり狼狽するといった内容です。おそらくこれらの一致は偶然のものでなく、製作陣はあえて『七人の侍』に似せることで視聴者に『七人の侍』を想起してもらおうとする一種のオマージュであったと考えられます。結局、裁判所は「俺は強い！」と『七人の侍』との類似点・共通点はアイデアの段階の類似点・共通点であるとして、黒澤明の相続人らの主張を退けました。

また、作風が似ているということは問題となりません。たとえば、フラン

2 他方で、黒澤明も『七人の侍』の脚本において、トルストイの『戦争と平和』やファジェーエフの『壊滅』からアイデアを得ているといわれています。

コラム⑲-1 商標権とパロディ

最近、『面白い恋人』など、他人の有名な商標をパロディし、そのパロディを自己の商品名などとして使用したり、自らの商標として商標出願したりするという事案も登場しています。

これまで裁判で争われてきた事案では、『PUMA』をパロディした『KUMA』(商標登録4994944号) は混同のおそれがあるとして商標法4条1項15号等で登録が認められませんでした (知財高判平25年6月27日)。他方で、同じくPUMAをパロディした『SHI-SA』(商標登録5040036号) は、外観、称呼、観念がいずれも異なるとして4条1項11号違反はないとして登録が認められました (知財高判平21年2月10日)。(資料⑲-1)

また、時計で有名な『フランク ミューラー』に対し、時計などを指定商品とする『フランク三浦』が商標出願 (商標登録5517482号) された事件で裁判所は、両商標の称呼が類似するとしつつ、外観や観念が異なるとして4条1項11号・15号等に違反しないと判断し、商標登録を認めています (知財高判平28年4月12日)。

いずれにしても、商標法では著名な商標と出所の混同が生じなければパロディでも許容される傾向にあります。この他、不正競争防止法2条1項2号も問題となり得ますが[3]、パロディで稀釈化 (ダイリューション) や汚染 (ポリューション) が生じるといえるのか慎重に考える必要があります。この点、アメリカには、成功したパロディならば元の商標の識別力を強めるので稀釈化や汚染が生じない、とした判決があることは参考になります。

資料⑲-1 パロディ商標の例

3 本書⑭参照。

スの小説家モーリス・ルブランは、かのシャーロック・ホームズ（Sherlock Holmes）をもじったエルロック・ショルメ（Herlock Sholmès）を自作「アルセーヌ・ルパン」シリーズに登場させるパスティーシュ[4]を行うことで名探偵と大怪盗の対決を描いています[5]。自分の産み出したキャラクター設定を勝手に使われるのは面白くないという気持ちはわかりますが、同様の行為が今の日本で生じたとしても著作権侵害で争うことは難しいでしょう。

4　創作的表現まで似た場合

ただし、著作物の模倣が許されるのはアイデアの部分であって、具体的な表現の部分まで取り込んでしまうと著作権侵害の問題が生じます。俗に**トレース**と呼ばれる行為は、創作的表現まで真似してしまうことになります。たとえば、とある少女マンガに登場したバスケットボールの場面について、井上雄彦『SLAM DUNK』のコマ割りと酷似していることの指摘があり、作者自身が構図のトレースを認めたことから連載が中止になったという事件も起こっています。

トレース問題が起こるのはマンガだけではありません。写真を元にしてイラストを描いた場合も争いになった例があります。京都の神社が祭のポスター制作をデザイン会社に頼んだところ、アマチュア写真家が出した写真集を参考にして水彩画が描かれたという事件で、裁判所は著作権侵害を認定しています。つまり、写真から水彩画へという変換が介在していたとしても、創作的表現を模倣すると権利侵害が発生するのです（八坂神社祇園祭ポスター事件：東京地判平20年３月13日）。

また、単に既存の小説の続編を無断で書くだけでは、元の小説の創作的表現が再現されていないので著作権侵害にはなりません。しかし、元ネタとするマンガの絵柄を真似て二次創作をする場合（例：ドラえもんのオリジナル最終話）は、著作権侵害となる可能性が高いといえます。

これらの場合、新たな作品を制作する行為は、著作（財産）権である**翻案権**とともに、著作者人格権である**同一性保持権**の侵害ともなる可能性が高いといえます。また、制作した作品を多数印刷したり、アップロードしたりする行為は複製権や公衆送信権の侵害となるでしょう。

ただし、これらの二次創作がすべて著作権侵害で訴えられているわけではありません。同人誌即売会では、多くの二次創作がやりとりされています[6]。

5　他人の創作的表現は全く使えないの？

俗に「パクリ」と呼ばれる盗作行為は、参考にしたものがあることを隠しておく必要があります。ところが**パロディ**は、元になった作品に滑稽さを加えたり風刺を入れたりといった改変を加えて作られるものであり、元ネタを積極的に明らかにするところに大きな違いがあります（たとえば、物真似タレントのコロッケさんが披露する「美川憲一」の芸は、真似されている対象を知らずにみたのでは面白さは半減することでしょう）。これをどうにか区別しようとすると、「元ネタがバレると困るのがパクリ」「元ネタをわかっていてもらわないと困るのがパロディ」「隠されている元ネタを見つけ出せれば楽しめるのがリスペクト」ということになるでしょうか。でも、日本の著作権法では、これらをすべて翻案権や複製権の問題として処理されることになります。

4　**パスティーシュ（pastiche）**
フランス語で、作風を模倣することを指します。

5　ホームズとルパンがもたらした想像力が後世に与えた影響は絶大です。オマージュを捧げた作品を挙げてみれば、赤川次郎の小説『三毛猫ホームズ』に辻真先『迷犬ルパン』、東京ムービー新社制作のアニメ『名探偵ホームズ』、ブシロード社のメディアミックス『探偵オペラ　ミルキィホームズ』、三好輝作画によるマンガ『憂国のモリアーティ』と、枚挙にいとまがありません。先行著作物の卓越したアイデアの利用を許すことが、どれほど多くの後続著作物を生み出し、文化的な広がりをもたらすのかの証左といえましょう。

6　著作者の中には二次創作を積極的に認めているケースもあります。たとえば「同人マーク」は、二次創作による同人誌の作成や同人誌即売会等で無断配布を許可する意思を予め表明するものとして使われています。

ところがパロディの場合、やられたからといってオリジナルの側の作者に必ずしも損失が生じるわけではありません。たとえばピカソは、ベラスケスの名画をキュビズムの技法で再構築した作品《ラス・メニーナス》を描いていますが、これによってオリジナルの価値が損なわれたりしていません。むしろ、オリジナルとパロディがあることにより、お互いを引き立て合っているともいえます。

そうだとすれば、他人の創作的表現が使われているからといって、パロディの場合に著作権侵害を認める必要があるでしょうか？

他人の著作物を利用しつつ新たな著作物を創作する行為を正当化するためには、著作権を制限する規定のどれかを援用しなければいけません[7]。ですが、あいにく日本の著作権法には**引用**（著作権法32条１項）ぐらいしか使えそうなものが見当たらないのです。しかも、保険会社の広告用カレンダーに掲載されたスキーのシュプールの写真を、自動車公害におびえる世相を風刺するため、その一部をカットしてタイヤの写真を合成したパロディと思われる事件について、最高裁判所は「引用」を認めていた高等裁判所の判断を覆しました（モンタージュ写真事件：最判昭55年３月28日）。（**資料⓳－２**）

この難問を解決する方策として議論されているのが、**フェア・ユース**概念の導入です。これは、他人の著作物を利用していたとしても、その使用の目的や著作権者への影響を考慮した上で「公正な使用」と認められるならば著作権の侵害ではないことにしよう、とするものです。アメリカの著作権法107条はこのようなフェア・ユースの抗弁を定めており、映画『プリティ・ウーマン』主題歌の替え歌もこのようなフェア・ユースに当たると判断されています（Campbell v. Acuff-Rose Music. Inc., 510 U.S. 569 (1994)）。また、フランスの著作権法には、パロディ、パスティーシュ（模倣）、カリカチュア（風刺）は著作権を侵害するものではないとする定めが置かれています。

⇨７　本書❻参照。

資料⓳－２　モンタージュ写真事件

▼元の著作物

▼被告の著作物

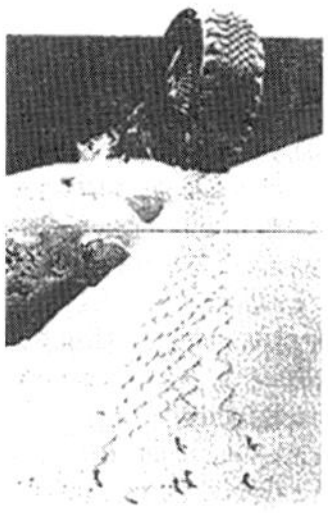

コラム⓳－２　著作権侵害と刑事罰

著作権や著作隣接権を侵害する行為を行った場合、10年以下の懲役か1000万円以下の罰金（両方も可能）を科すことができます（著作権法119条１項）。また、著作者人格権や実演家人格権の侵害については５年以下の懲役か500万円以下の罰金（両方も可能）を科すことができます（同119条２項１号）。ただし、民事上の責任と異なり、著作権侵害の故意がなく過失しかない場合には刑事罰を科すことはできません。

確かに、営利目的で違法に著作物をアップロードし続けたりする場合には刑事罰を科す必要があります。しかし、刑事罰は創作行為を萎縮させてしまうおそれもあります。2014年、テレビゲームを通じた恋愛・友情や人間の成長などを描いた押切蓮介のマンガ『ハイスコアガール』の中で、テレビゲーム『ストリートファイターⅡ』等のキャラクターを使用した行為につき、出版社（スクウェア・エニックス）などが家宅捜索され、著者らが書類送検される事態が生じました（その後、著作権者と和解が成立して連載が再開されました）。しかしながら、そもそも同マンガにおけるキャラクターの使用は、適法な「引用」（同32条１項）であった可能性も指摘されています。

このような刑事事件に発展する可能性があるとすれば、漫画家などが創作活動をためらうことも十分考えられます。このような二次創作への影響を懸念し、TPP11整備法の施行の際、著作権侵害の刑事罰について、著作権者の告訴がなくても起訴できる範囲（いわゆる非親告罪）を、原作のまま公衆へ譲渡や公衆送信する場合などに限定しました（同123条２項）。もっとも、著作権者の告訴さえあれば翻案権の侵害でも刑事罰を科すことができるため、二次創作が萎縮してしまうという問題が解決したとはいえません。

18歳からはじめる知的財産法 20

芸能人の名前を料理の名前に使ってもいいの？

▶ パブリシティ権

設例 アルバイト先のカフェに人気アイドルＳが来店し、Ｓは店長おすすめメニューのパンケーキを注文しました。その後Ｓは公式ブログでパンケーキの話題を書き込み大絶賛。ブログに店の場所は書かれていなかったものの、たちまちファンに特定され、お客が殺到するようになりました。店長は大喜びでメニューの名前を「Ｓも大好きパンケーキ」と書き換えました。これって大丈夫なのでしょうか？

1　パブリシティ権とは

芸能人やスポーツ選手など著名人の名前や姿形は、顧客を惹きつける魅力となることがあります。そうした名前や姿形を、本人に無断で他人が使うことは許されるのでしょうか。たとえば、芸能人の姿形が写った写真を使って本人に無断で広告に使ったり、スポーツ選手の名前や背番号が入ったユニフォームのレプリカを本人の知らないところで販売したり、といった行為は、自由に行えるのでしょうか。

著名人の名前や姿形がどのように使われるかをコントロールする権利は、**パブリシティ権**と呼ばれています。本書で取り上げてきた他の知的財産権とは異なり、パブリシティ権の保護を明確に定めた法律は存在していません。しかし、パブリシティ権は、法的な保護の対象となる人格的利益として、裁判例で認められています。

2　裁判例の概要

日本の裁判例で、最初にパブリシティ権を認めたのは、マーク・レスター事件判決（東京地判昭51年６月29日）です。当時、人気子役であったイギリスの俳優マーク・レスターが主演の映画が日本で上映されるにあたり、映画とタイアップした菓子のCMが制作されました。このCMには、主演俳優が映った映画のワンシーンとともに、「マーク・レスターも大好きです」とのナレーションが入れられていました。ところが、主演俳優には何の断りもなくこのCMが作成されたため、主演俳優はCMを制作した会社などを相手取って訴訟を提起しました。東京地裁は、「俳優等の氏名や肖像を商品等の宣伝に利用することにより、俳優等の社会的評価、名声、印象等が、その商品等の宣伝、販売促進に望ましい効果を収め得る場合があるのであって、これを俳優等の側から見れば、俳優等は、自らかち得た名声の故に、自己の氏名や肖像を、対価を得て第三者に専属的に利用させうる利益を有している」として、主演俳優への損害賠償の支払いを命じました。

その後も、著名人の名前や姿形を無断で使用する行為に対して複数の訴訟が提起され、パブリシティ権に関する最高裁判所判決が登場しました。ピンク・レディー事件（最判平24年2月2日）は、2人組の歌手ユニット「ピンク・レディー」の振り付けを使ったダイエット法を紹介する女性週刊誌の記事に、ピンク・レディーの2人が振り付けとともにポーズを撮っている写真[1]を掲載したことが問題となった事件です。ピンク・レディーの2人は、この記事に掲載された写真は、ピンク・レディーの肖像を雑誌の販売促進という商業目的のために用いており、パブリシティ権の侵害に当たると主張しました。

最高裁判所は、「人の氏名、肖像等は、個人の人格の象徴であるから、当該個人は、人格権に由来するものとして、これをみだりに利用されない権利を有する…。そして、肖像等は、商品の販売等を促進する顧客吸引力を有する場合があり、このような顧客吸引力を排他的に利用する権利（以下、「パブリシティ権」という。）は、肖像等それ自体の商業的価値に基づくものであるから、上記の人格権に由来する権利の一内容を構成する」と述べて、パブリシティ権が、本人の人格権に由来するものであるとしました。

次いで、パブリシティ権の侵害となる条件について、「肖像などを無断で使用する行為は、①肖像などそれ自体を独立して鑑賞の対象となる商品等として使用し、②商品等の差別化を図る目的で肖像等を商品等に付し、③肖像等を商品等の広告として使用するなど、専ら肖像等の有する顧客吸引力の利用を目的とするといえる場合に、パブリシティ権を侵害する」と示しています。

その上で、問題の記事の写真は、どれも記事の内容を補足する目的で使われたものであって、「専ら…肖像の有する顧客吸引力の利用を目的とするものとはいえ（ない）」として、パブリシティ権侵害を否定しました。

[1] 掲載された写真は、この女性週刊誌の出版社がこれらの楽曲が発売された当時のピンク・レディーの2人への取材の際に、本人の許諾を得て過去に撮影したもので、それらの写真がこの記事に無断で転用されていました。

コラム⑳-1　動物の名前のパブリシティ権

動物は、法律上は「物」として取り扱われます。したがって、動物に付けられた名前や動物の姿が、人間の氏名や肖像と同じように取り扱われるのか、ということが問題になります。

動物に付けられた名前については、競走馬の馬名をその競走馬の馬主（すなわち競走馬の所有権者）に無断でゲームソフトに用いたことが問題とされた裁判例で、著名人の名前や姿形とは別の結論が出されました。（競走馬パブリシティ事件：最判平16年2月23日）。

この裁判例で問題となったゲームソフトは、プレイヤーが騎手となって競走馬を乗りこなすゲーム「ギャロップレーサー」と、プレイヤーが馬主となって競走馬を育成するゲーム「ダービースタリオン」でした。これらのゲームには、実在する競走馬の馬名が登場し、その馬の毛色や適性なども反映されていました。

競走馬の馬主らは、競走馬の馬名がもつ顧客吸引力などの経済的価値を独占的に支配する権利は、競走馬の所有権者である馬主らがもつと主張して、これらのゲームソフトのメーカーに対して、製作などをやめ、損害賠償を支払うよう求めました。

最高裁判所は、「第三者が…競走馬の名称等が有する顧客吸引力などの競走馬の無体物としての面における経済的価値を利用したとしても、その利用行為は競走馬の所有権を侵害するものではない」として、馬主らの主張を退けています。

3　パブリシティ権の及ぶ範囲

最初に述べたように、パブリシティ権の保護を明確に定めた法律があるわけではありません。パブリシティ権がどの範囲にまで及ぶのか、ということについては、裁判例が手がかりになります。

ピンク・レディー事件最高裁判決は、パブリシティ権を本人の人格権に由来する権利と位置づけました。その上で、「肖像等」を使用する行為のうち、専らその顧客吸引力を利用する行為が、パブリシティ権侵害に当たるとしました。

この「肖像等」とは、人物を想起させるような情報であり、サイン、署名、ペンネーム、芸名等をいいます。また、本人に似ている動物などの図柄が、「需要者」にとって本人を識別するものとして著名な場合には、そのような図柄も「肖像等」に含まれます。

また、この最高裁判決は、パブリシティ権の侵害となる「専ら『肖像等』の顧客吸引力を利用する行為」として、肖像等を、①独立した鑑賞の対象として商品に使う行為、②商品などの差別化の目的で使う行為、③商品等の広告として使う行為の３つの類型を示しています。

①の具体的な例としては、ポスターや写真集など、それ自体が独立して鑑賞の対象となるものに肖像等を使用することが挙げられます。

②の具体的な例としては、肖像等を使ったグッズを制作することが挙げられます。

③の具体的な例としては、肖像等を商品などの広告に使うことが挙げられます。ただ、本の広告の中でその本の著者の肖像等を使うことは、その本の著者を示すものにすぎず「広告」としての使用ではないとされています。また、芸能人が来店した写真を店内に飾る行為は、その芸能人の来店の事実を示すだけで広告として肖像等を使用するわけではない、とされています。

4　誰がパブリシティ権をもつのか

ピンク・レディー事件最高裁判決がパブリシティ権を本人の人格権に由来するものと位置づけた以上、本人の肖像等のパブリシティ権が本人にあることは明らかです。

グループで芸能活動をしている場合、その「グループ名」についてのパブリシティ権をもつのは誰か、ということが問題になりえます。

このことを正面から取り扱った裁判例があります。この裁判例は、ロックバンド「FEST VAINQUEUR（フェストヴァンクール）」の各メンバーがマネジメント契約を締結していた芸能事務所との契約が終了した後に、この芸能事務所が「FEST VAINQUEUR」の使用を認めていない、などと業界関係者に伝えるなどして各メンバーが「FEST VAINQUEUR」を使った芸能活動を妨害したため、各メンバーがこの芸能事務所に対して妨害を止めるよう求めたものです（東京高決令２年７月10日）。東京高裁は、バンド名についてもパブリシティ権の対象となるとしました。また、各メンバーがバンドとして共同して演奏活動などを継続した結果、「FEST VAINQUEUR」には一定の顧客吸引力が生まれており、バンドの演奏活動に接したり楽曲を視聴したりした者との関係では「FEST VAINQUEUR」が各メンバーの集合体としての識別情報となるとともに、各メンバーをも想起させ識別させるものとなっていることから、「FEST VAINQUEUR」にはパブリシティ権が認められるとし、その使用権は各メンバーにあると説示しました（**コラム⑳-2**を参照）。

この裁判例からいえることは、メンバーがグループとして活動した結果、グループ名に接した者が各メンバーを想起するようになっている場合（例：メンバーが固定されているロックバンドやお笑いコンビ）には、そのグループ名のパブリシティ権は各メンバーに帰属する、ということです。一方、グループ名に顧客吸引力がある場合でも、グループのメンバーが多数であったりメンバーが変動したりするため、グループ名に接した者が必ずしもメンバー全員を想起しない場合（例：メンバーを定期的に公募する大人数のアイドルグループ）には、グループの「名称」のパブリシティ権がメンバーに帰属するとはされない余地がある、ということになります。

5　設例との関係

設例では、アルバイト先の店長がメニューの名前を「Sも大好きパンケーキ」に変えてパンケーキを提供しています。この行為を、先に説明した行為の類型に当てはめてみましょう。

説例のアルバイト先の店長が「Sも大好きパンケーキ」とのメニュー名を付けることがパブリシティ権の侵害に当たるかどうかは、判断が微妙です。「Sも大好き」との言葉が、Sが来店してパンケーキを食べて気に入ったとの事実を伝えるだけとされれば問題にはなりません。ただ、「Sも大好き」との言葉をメニュー名の一部に使うことが他のパンケーキとの差別化のためであるとされれば、②の類型の行為になります。

メニュー名はあくまで「パンケーキ」で、その脇に「Sも大好き」と添え書きをするだけであれば前者になるでしょうし、メニュー名として「Sも大好きパンケーキ」とすれば②の類型の行為となり、Sのパブリシティ権の侵害となる可能性が高くなるといえそうです。

➡2　グループ名を文字だけで音楽ソフトや映像ソフト、音楽の演奏などを指定商品・役務に含む商標登録をすることは困難です（**コラム⑮-2**を参照）。

ただ、指定商品・役務に「録画済みビデオディスク」や「音楽の演奏」を含む数少ない登録例として、「RADWINPS」（商標登録5099701号）があります。

商標登録5099701号

また、ロゴ文字と図形を組みあわせたものについても、指定商品・役務に「録画済みビデオディスク」や「音楽の演奏」を含んだ商標登録が認められています。例として、「日向坂46」（商標登録6217722号）があります。

商標登録6217722号

コラム⑳-2　パブリシティ権の法的な性質

日本で最初にパブリシティ権が認められたマーク・レスター事件判決以来、ピンク・レディー事件最高裁判決に至るまで、「パブリシティ権」は、本人の氏名や肖像が他人に無断で使用された場合に、それをやめさせるための根拠として用いられてきました。

ところが、FEST VAINQUEUR 事件決定では、バンドのメンバーがバンド名を使って芸能活動をすることを妨害されないための根拠としてパブリシティ権が用いられました。このことは、パブリシティ権が単に本人の氏名や肖像を無断で他人に使用されない権利（すなわち「禁止する権利」）にとどまらず、本人が氏名や肖像を積極的に使用する権利（すなわち「自らの使用の保障となる権利」）として理解されたことを意味します。

この違いは、芸能人が芸能事務所を移籍した後に、移籍前に名乗っていた芸名を引き続き名乗り続けることができるかどうか、という問題にあらわれます。公共放送の朝のドラマの主演俳優が、芸能事務所を退所する際に芸名の変更を余儀なくされたことをご存じの方もおられるのではないでしょうか。

すなわち、パブリシティ権が、その名前を自ら使うことの保障となる権利とすれば、もし仮に芸名が移籍前の芸能事務所によって商標登録されていた➡2としても、移籍後に自らその芸名を使って芸能活動することはパブリシティ権によって保障されるため、商標権侵害とはならない、と理解する余地が生まれます。今後の裁判例の動きが注目されます。

18歳からはじめる知的財産法 21

おいしい作物の新品種ができたら？

▶ 種苗法

設例　Aさんの実家は果樹園を営んでいます。みんながビックリするような梨を作るのを夢に、今は大学で生物工学を学んでいます。ところが最近、日本で開発された果物が国外に持ち出されて栽培されているというニュースを目にしました。苦労して新品種を開発しても、法律で守ってもらうことはできないのでしょうか？

1　農林水産分野における知的財産権

農作物についても様々な工夫をこらした生産活動が行われています。おいしくて高く売れる作物が実る品種を作り出す努力は各地で行われていますが、これには多くの時間と労力を必要とします。バイオテクノロジーが発達した現在では**遺伝子組換えやゲノム編集**[1]という手法もありますが、作物の品種改良で中心となるのは、様々な交配（掛け合わせ）を用意して実際に育ててみる方法です。**ブランド米**[2]の場合、開発着手から新品種を送り出すまでには早くても7～8年を要するのが一般的です[3]。農林水産分野でも知的財産は重要な役割を果たしていることを理解しておきましょう。

2　品種登録制度と育成者権

植物の新品種を育成した者に対しても知的財産権を付与しようというのが種苗法に基づく品種登録制度です。ただ、特許や意匠は特許庁が所管していますが、種苗法は農林水産省の管轄です。どのような新品種が登録されているかは**品種登録ホームページ**[4]で調べることができます。

品種登録をしようとする場合、既に存在している**品種**[5]と比較して、①重要な形質において明確に区別できるか；すなわち、形状・色・耐病性等においてハッキリ異なる特徴を有する新品種として**区別性**を有しているか？　②同一の繁殖の段階に属する植物体のすべてが特性の全部において十分に類似しているか；すなわち、同じタネから生まれたものであれば、概ね同じ特徴をもったものが育つという**均一性**が備わっているか？　③繰り返し繁殖させた後においても特性の全部が変化しないか；すなわち、**安定性**があるか？　といった要件が満たされているかが審査されます（種苗法3条[6]）。

また、品種登録に際してはあわせて、④名称が適切であって、既存の品種と同じであったり誤認・混同を生じさせたりするものでないか？（種苗法4条1項）、⑤品種登録の出願が行われた時から1年さかのぼった日より前に業として譲渡したことはないか？（種苗法4条2項）も審査されます。

出願がなされた後、書類に不備がないかが審査され、問題がなければ出願

1　遺伝子組換えとゲノム編集
DNAの研究が進んだことにより、生物の遺伝情報（ゲノム）はA（アデニン）、T（チミン）、G（グアニン）、C（シトシン）という4種類の核酸の塩基配列によって表すことができることがわかりました。そして、どのゲノム配列がどのような形質にかかわっているのかをコンピューター解析によって解明するバイオインフォマティクス（bioinformatics）が、生物学と情報工学の融合領域として生まれています。遺伝子組換えやゲノム編集技術を用いて産み出された作物も既に登場しています。

2　ブランド米
明確な定義はありませんが、一般には、日本穀物検定協会が毎年実施しているコメの「食味ランキング」において上位に位置づけられたものを指します。食味試験では専門家が白飯の食べ比べを行い、複数産地のコシヒカリをブレンドしたものを基準として、それよりも良好であれば「A」、特に良好なものは「特A」とされます。

3　青森産として初めて特Aを獲得した「青天の霹靂（せいてんのへきれき）」の場合、2006年にプロジェクトが始まり、命名されたのは2014年でした。

4　品種登録ホームページ
ホームページ内にある「品種登録データ検索」を使用します。たとえば「出願品種」に『富富富（ふふふ）』を入力して探してみると、農業・食品産業技術総合研究機構と富山県によって2017年3月31日に登録されたものであることがわかります。

が公表されるという流れは特許制度に類似しています。ただ、植物の場合、出願されたものが本当にカタログに記載されたとおりの特性を有しているのか、実際に植えて育ててみないと確かめられません。そのため審査には数年を要します。審査期間が長期にわたるため、品種の出願が公表されてから登録されるまでの間に第三者が新品種を増殖・販売する行為があった場合、書面による警告を発しておくことで、出願者は品種登録後に利用料に相当する補償金を請求できます（種苗法14条）。

品種登録が認められれば**育成者権**が付与され（種苗法20条1項）、登録品種を独占的に生産・販売したり、他人に利用させて利用料を得たりすることができます。育成者権の存続期間は、果樹や鑑賞樹のような木本(もくほん)植物については30年、それ以外の植物は25年です（種苗法19条）。

➡5 品 種
種苗法2条2項では「品種」を「重要な形質に係る特性〈…〉の全部又は一部によって他の植物体の集合と区別することができ、かつ、その特性の全部を保持しつつ繁殖させることができる一の植物体の集合」と定義しています。

➡6 区別性（Distinctness）、均一性（Uniformity）、安定性（Stability）という3つの要件に係る特性審査は「DUS審査」とも呼ばれます。

3　日本産農産物の保護

日本産の農林水産物の輸出は増加傾向にありますが、日本で育成された品種が国外に流出していることも明るみになってきました。たとえば、皮ごと食べられて甘みが強いブドウ「シャインマスカット」は2006年に品種登録が行われています。ところが品種登録は国ごとに行われる仕組みであり、育成者権は原則として日本国内でのみ効力をもちます。国外でも育成者権を手に入れたいのであれば、「植物の新品種の保護に関する国際条約（UPOVユポフ条約）」に基づき、自国で登録されてから4年以内（樹木とブドウは6年以内）に出願することで、国際的な保護を得ることができます。

しかし、シャインマスカットは海外での品種登録を怠ったため苗木が合法的に持ち出され、韓国や中国で栽培されるようになってしまいました。日本産品種の流出問題はイチゴ「レッドパール」「章姫(あきひめ)」でも生じています[7]。こうした反省から、優良品種の流出を食い止め、日本で開発されたブランド農作物の価値を守るためのルールづくりが行われることになりました。

➡7 イチゴの場合、日本の育成権者が韓国の種苗業者に期間や対象者を限って許諾していたのですが、許諾の範囲を超えて流出して広く栽培されるようになってしまいました。韓国も2002年にUPOV条約の締約国になっていたのですが、条約批准から10年間は猶予期間となっていたため、イチゴやミカンは保護対象外となっていた時期があったのです。

コラム㉑-1　種苗法をめぐる近年の動向

上述のように、日本で開発された優良品種の国外流出が相次いで発覚したことから種苗法を改正して対策することが決まり、2021年4月から施行されています。

新しいルールの要点は2つあります。第1に、登録品種を開発した者が利用条件を設定し国内の栽培地域を指定したり、輸出できる国を指定したりすることができるようになりました。これにより日本国内での流通を管理し、登録品種が国外に流出することを防ごうというのです。育成者が意図しない国へ登録品種を持ち出したり栽培したりする侵害行為については10年以下の懲役または1000万円以下の罰金が科せられます。

第2に、「自家増殖」を行うには育成者からの許諾が必要になりました。自家増殖というのは、農家が次の作付けに使うためのタネや苗を収穫物から採ることをいいます。自家増殖を制限すれば、農家が安く苗木を譲り渡すような行為をやめさせることも可能となり、開発者の利益を守ることができます。ただ、この改正には農業者から反対する声も上がっていました。自家増殖の制限が厳しくなると、高額の許諾料を支払わなければならなくなって、農家の負担が増えるのではないかと懸念されています。

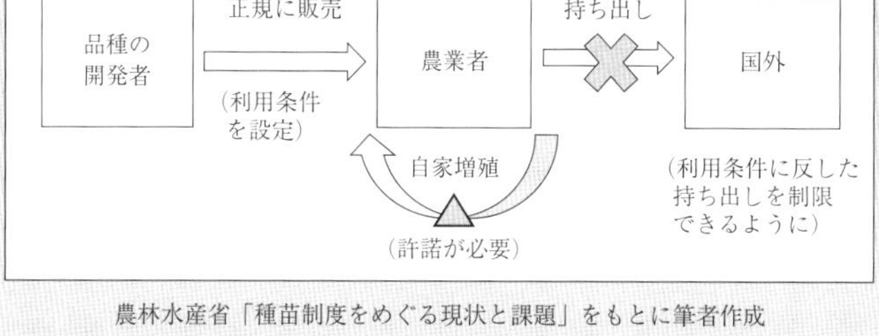

農林水産省「種苗制度をめぐる現状と課題」をもとに筆者作成

18歳からはじめる知的財産法

22 ご当地商品を売り出したいのだけど？

▶ 地域ブランド

設例 Aさんの両親は山形県米沢市で製麺工場を営んでおり、近隣のラーメン店に中華麺を卸しています。工場の隣には米沢牛すき焼き店があり、観光客でにぎわっています。Aさんの両親は、そのにぎわいをみて、観光客が米沢のラーメンの魅力を知れば、ラーメン店にも観光客が来るようになり、製麺工場の売上げも上がると考えました。そこで、Aさんの両親は、米沢市周辺の製麺業の組合の会合で、米沢のラーメンをご当地ラーメンとして売り出せないか、と提案しました。さて、どんなことができるでしょうか？

1 地域ブランドとは

「地域ブランド」という言葉は、法律の条文で決められたものではなく、世の中でいろいろな意味で使われています。本書では、「その地域で生産される商品やサービスのプラスの評判」を「地域ブランド」と呼ぶことにします。

地域の産品には、他の地域の同種の商品にはない優れた品質や特徴などから、全国的に高い評判を得ているものがあります。

たとえば、山形県米沢市周辺で肥育された黒毛和牛である「米沢牛」は、キメの細かい霜降り肉の高級肉として全国的に知られています。他にも、その地域の気候風土、歴史などの特性により、優れた特徴や特色をもつ商品やサービスはたくさんあります。

法は、そのような地域の商品・サービスの評判を高めるとともに、獲得した評判を維持するための制度を用意しています。

2 地域団体商標

本書⑮で説明した商標制度の中に、地域ブランドを確立し維持するための制度が設けられています。

「地域名」と「商品などの普通名称や**慣用名称**[1]」を単に組み合わせた商標（例：**米沢牛**[2]）は、その商品の産地を普通に用いられる方法で表示する標章（商標法3条1項3号、本書⑮も参照）に当たるため、原則として商標登録は認められません[3]。このままでは、地域ブランドの保護に欠けることから、2005年に**地域団体商標**の制度が新たに作られました。

地域団体商標の制度は、地域名と普通名称などを単に組み合わせた**文字商標**[4]について、その地域の農協や漁協、商工会などに限り[5]、特別に商標登録を認めています。

1 慣用名称
同業者間で広く使われた結果、識別力を失った商標のこと。例としては、清酒の「正宗」、餅菓子の「羽二重餅」などがあります。本書⑮も参照。

2 米沢牛
文字と黒毛和牛のイラストの組み合わせの商標については、通常の商標として登録され（商標登録1457084号：図版参照）、文字のみの「米沢牛」については地域団体商標として登録されています（商標登録5029824号）。

3 長年の使用などにより、特定の出所を示すものとして全国的に著名になった場合には、地域団体商標としてではない登録が認められます（商標法3条2項）。本書⑮も参照。

4 文字商標
文字のみで構成される商標のことです。地域名と普通名称にさらに図柄が付いた商標であれば、商標法3条1項3号（本書⑮を参照）に当たらず、通常の商標登録が可能です。しかし、それでは図柄なしで地域名と普通名称を組み合わせた文字を商標として使用することをやめさせることはできません。

5 地域団体商標の出願人となれるのは、農協や漁協、商工会など、構成員となる資格があれば誰でも加入できる団体だけです（商標法7条の2第1項柱書）。これは、その地域の中で特定の者に対してだけ、登録された地域名と普通名称などを組み合わせた商標を使わせないなどの、いわゆる村八分を防止するためです。

3　地理的表示

農林水産物の地域ブランドの保護については、さらに地理的表示法[6]による保護が図られています。地理的表示法は、生産地や品質の基準とともに登録された農林水産物について、登録された基準を満たす農林水産物以外にその地理的表示を使用することを禁止しています。これにより、一定以上の品質のものだけが市場に流通するようになり、登録された農林水産物[7]は他のものとの差別化を図れるようになります。

地理的表示として登録された産品には、GIマーク[8]を付すことが義務づけられます。また、登録された地理的表示の生産地や品質などの基準を満たさないものにその地理的表示やGIマークが付された場合、農林水産大臣からその地理的表示の除去などを命ずる措置命令が発せられ、措置命令に従わない場合には刑事罰の対象とされています。この制度は、あくまで農林水産大臣による規制として存在しているため、地域ブランドの担い手は訴訟などの負担なしにブランドを守ることができます。

4　説例について

米沢のラーメンを地域の外の人に知ってもらうには、米沢のラーメンの独自性をまず印象づける必要があります。そのためには、地域外の人や別の特徴のラーメンには付してはならない名称を確保する必要があります。

その手段として、製麺業の組合が、「米沢らーめん」のような名称を地域団体商標として登録[9]することが挙げられます。そうすれば、組合として安心して宣伝広告活動をすることができます。

⇒6　**地理的表示法**
地理的表示の登録には、生産・加工業者が組織する団体（生産者団体）が、産品の名称や生産地の範囲、生産方法、特性などを記載した明細書や、品質管理業務の定めなどを農林水産大臣に提出することが必要です。その後、農林水産大臣による審査を経て登録がされます。

⇒7　地理的表示の登録例として、米沢牛（登録番号26号）、八丁味噌（登録番号49号）、越前がに（登録番号69号）、いぶりがっこ（登録番号79号）などがあります。登録されている地理的表示については、農林水産省ホームページに「登録産品一覧」として公開されています。

⇒8　農林水産省ホームページ「地理的表示及びGIマークの表示について」を参照。

⇒9　特許庁ホームページ「商標登録第5467437号 米沢らーめん」を参照。

コラム㉒-1　お酒と地理的表示

地理的表示法で地理的表示の登録の対象となるのは、農林水産物と、政令で指定されたそれらの加工品です。お酒は、農林水産物である果実や穀物から作られます。ただ、酒類は地理的表示法による登録の対象とはされていません。

お酒については、「酒税の保全及び酒類業組合等に関する法律」（酒類業組合法）によって酒類の表示の基準が定められることとされており、これを受けて『酒類の地理的表示に関する表示基準』が定められています。

この基準では、地理的表示の産地以外を産地とする酒類や、地理的表示の生産基準を満たさない酒類に、その地理的表示を使用してはならないとされているほか、国税庁長官が指定した酒類の地理的表示については、「地理的表示」「Geographical Identification」「GI」のいずれかの表示を合わせて表示しなければならないとされています。

これまでに指定された地理的表示としては、黒麹菌の米麹と沖縄県内で採水した水を使い、沖縄県内で発酵や蒸留、貯蔵、容器充填をした蒸留酒（泡盛）の「琉球」、山梨県産の特定の品種のブドウを原料とし定められた方法で製造された一定の基準を満たすワインの「山梨」、米と米麹に国内産米を用いて国内で製造された清酒の「日本酒」などがあります。

また、外国産のお酒についても、フランスの蒸留酒「Cognac（コニャック）」や発泡性ワイン「Champagne（シャンパン）」のように、相互保護に合意している地理的表示については同様の規制がされています。

■著者紹介（＊は編者）

＊大石　玄	（おおいし　げん）	富山県立大学教養教育センター准教授	2〜6・18・19・21
＊佐藤　豊	（さとう　ゆたか）	山形大学学術研究院准教授	1・7〜9・20・22
津幡　笑	（つばた　えみ）	札幌大谷大学社会学部講師	16〜18
平澤卓人	（ひらさわ　たくと）	福岡大学法学部講師	10・14・15・19
眞島宏明	（まじま　ひろあき）	大阪経済大学経営学部教授 弁理士（古谷国際特許事務所）	11〜13

From 18

18歳からはじめる知的財産法

2021年7月15日　初版第1刷発行
2023年1月15日　初版第2刷発行

編　者　大石　玄・佐藤　豊
発行者　畑　光
発行所　株式会社 法律文化社

〒603-8053
京都市北区上賀茂岩ヶ垣内町71
電話 075(791)7131 FAX 075(721)8400
https://www.hou-bun.com/

印刷：西濃印刷㈱／製本：㈱藤沢製本
装幀：白沢　正

ISBN 978-4-589-04164-7